Wolfgang Roehl

Brigitte Krompholz-Roehl

MIT DER ENTE VON GÖTTINGEN

NACH ST. PETERSBURG

Im 2 CV durch das Baltikum nach Sankt Petersburg
und weiter über Helsinki nach Kaliningrad

Impressum

Bibliografische Information der Deutschen Nationalbibliothek:
Die Deutsche Nationalbibliothek verzeichnet diese Publikation in der Deutschen Nationalbibliografie; detaillierte bibliografische Daten sind im Internet über http://dnb.dnb.de abrufbar.

© 2020 Wolfgang Roehl, Brigitte Krompholz-Roehl

Herstellung und Verlag: BoD – Books on Demand, Norderstedt

ISBN: 978-3-7504-5097-4

Inhalt

Vorbereitungen

Wladiwostok, geheimnisvolle russische Stadt am Pazifik, Endpunkt der Transsibirischen Eisenbahn. Eigentlich wollte ich schon immer einmal mit dem Auto nach Wladiwostok fahren. Einfach nur, um zu sehen, ob das geht.

Bei YouTube gibt es Filme, die die komplette Fahrt von Moskau nach Wladiwostok per Dashcam dokumentieren, in 22 Teilstücken (https://www.youtube.com/watch?v=A5ehSZ9HOBw). Ich habe mir zwar nicht alle Teilstücke komplett angesehen - das war selbst mir zu langweilig -, aber ich habe genug gesehen, um überzeugt zu sein, dass so eine Fahrt möglich ist.

Und warum eigentlich nicht mit einem 2 CV, mit einer Ente? Die wurde ja früher auch gerne für Langstreckenreisen genutzt wurde – zwar nicht, weil sie besonders bequem oder dafür besonders gut geeignet war, sondern eher, weil sie billig und robust war. Enten-Reiseberichte füllen ein kleines Regal bei uns. Und außerdem haben wir einen 2 CV vor der Tür stehen.

Brigitte meinte aber trotzdem, Wladiwostok sei doch ziemlich weit weg, ob wir nicht vorher eine kürzere Strecke ausprobieren sollten? Nur für den Fall, dass uns Langstreckenreisen im 2 CV im Allgemeinen und Autoreisen in Russland im Speziellen vielleicht doch nicht so gut gefallen? Dieser Einwand war nicht unberechtigt, denn wir haben unsere

Ente zwar schon seit 17 Jahren, sind aber bekennende Schönwetter-Sonntagsfahrer: Die längste Tour, die wir damit im Stück gefahren sind, hat von Göttingen nach Kassel geführt. Das sind hin- und zurück immerhin 100 km (was da alles passieren kann), im Vergleich zu den rund 12.000 km von Göttingen bis Wladiwostok ist es aber doch eher eine kurze Strecke.

So beschlossen wir: Wir fahren mit der Ente erstmal nur nach Sankt Petersburg. Da wollten wir auch schon immer mal hin, das ist nicht ganz so weit von Göttingen weg, und im Zweifelsfall ist man relativ schnell wieder zu Hause.

Über die Rahmendaten waren wir uns einig: Wir wollten in kurzen, rückenschonenden Etappen fahren – so um die 200 km pro Tag -, wir wollten nicht zelten, sondern in Hotels übernachten, und wir wollten sofort abbrechen, wenn sich das Ganze als Schnapsidee herausstellen sollte, die Ente schlappmacht oder wir die Lust verlieren – was immer zuerst eintritt.

Die Anreise ins Baltikum wollten wir per Fähre bewerkstelligen – eine Fahrt quer durch Polen an der Ostseeküste entlang hat zwar auch ihren Reiz, birgt aber das Risiko, schon auf der Anreise und weit vor dem Ziel die Lust zu verlieren. Wir haben uns daher eine Überfahrt auf der Fähre von Travemünde nach Liepaja in Lettland gebucht.

Den Weg von Liepaja in Lettland bis zur russischen Grenze in Narva, rund 700 Kilometer, haben wir in 5 Etappen unterteilt, von Narva nach St. Petersburg haben wir 3 Etappen eingeplant. Für jede Etappe haben wir ein Hotel vorab gesucht; ebenso für St. Petersburg selbst. Das geht über die Hotelportale im Internet wirklich einfach; problematisch sind nur die vielen Angaben und Bewertungen zu jeder Unterkunft: Brigitte hat sich auf das Lesen der Negativbewertungen spezialisiert, ich auf den Preis - mit dem Ergebnis, dass wir Mühe hatten, uns auf Hotels zu einigen. Besonderen Wert haben wir bei der Auswahl außerdem auf einen sicheren Parkplatz gelegt – einfach so an der Straße wollten wir die Ente über Nacht nicht gerne stehen lassen.

Für den Grenzübertritt nach Russland gibt es die Möglichkeit, sich vorab über das Internet einen Platz in einem Zeitfenster zu reservieren. Im Netz gibt es viele Horrorgeschichten über tagelange Wartezeiten an der Grenze, das wollten wir nicht riskieren: Für den 21. Mai im Zeitfenster von 10:00 bis 11:00 Uhr haben wir daher unseren Grenzübertritt gebucht.

Für eine Einreise in die Russische Föderation braucht man ein Visum, für das man im Antrag einen Gültigkeitszeitraum angeben muss. Als frühestes Einreisedatum haben wir den 20. Mai festgelegt, außerdem sollten zwei Einreisen nach Russland möglich sein, damit wir – wenn man schon mal da ist – neben St. Petersburg auch noch Kaliningrad besuchen können.

Das Visum haben wir über eine Agentur beantragt, die auch gleich die für ein Visum obligatorische Einladung erstellen. Die ebenfalls benötigte Auslands-Krankenversicherung hatten wir über den ADAC. Und unsere Rückkehrwilligkeit zurück nach Deutschland konnten wir über einen aktuellen Rentenbescheid nachweisen. Russland war uns bisher nicht als Auswandererparadies bekannt – also in dem Sinne, dass da massenhaft Bundesbürger hin auswandern wollen. Die Anforderung ist aber wohl eine Retourkutsche, weil russische Staatsbürger das für ein Visum in die EU ebenfalls müssen, dass sie wieder zurückkehren wollen.

Die Anfrage in unserer örtlichen ADAC-Geschäftsstelle nach Reiseinformationen für Autoreisende nach Russland führte zu leichtem Erstaunen: Sowas habe man leider nicht, das werde nie nachgefragt. Schade, wenn auch nicht unerwartet. Immerhin gab es auch eine gute Nachricht: Europa endet für den ADAC am Ural, so dass uns der ADAC im europäischen Teil von Russland wieder nach Hause holen würde.

Im Netz habe ich dann noch einen Hinweis auf die Zollformalitäten gefunden: Man muss bei der Einreise ein zweiseitiges Zollformular in doppelter Ausführung abgeben. Dieses Formular gibt es mit Hinweisen, wie es auszufüllen ist, als Download im Netz. Sehr praktisch, das erspart Russisch-Unkundigen wie uns das Rätselraten beim Ausfüllen am Grenzübergang (https://forum.aktuell.ru/viewtopic.php?t=20086). Ich habe mir das ausgefüllte Formular mehrfach ausgedruckt, was bei der Grenzkontrolle sehr praktisch war. Zusammen mit dem Internationalen Führerschein sowie einer grünen Versicherungskarte, die für Russland gültig ist, waren damit die Papiere vollständig.

Unser 2 CV

Unsere graue Charleston-Ente stammt aus dem Jahr 1989 und ist seit 2002 bei uns zu Hause. Sie hat von mir die übliche Verjüngungskur aus verzinktem Rahmen und neuen Verschleißteilen erhalten, gleich nachdem sie bei uns eingezogen war. Der Motor lief gut, die Karosserie erforderte nur geringfügige Schweißarbeiten, und ansonsten bleib alles im Zustand wie gekauft – eine Komplettrenovierung mit neuem Lack könnte man schließlich jedes Jahr machen, aber echte Patina ist einmalig. Im Laufe der Jahre folgten dann kleinere Verbesserungen wie eine elektronische Zündung, eine bessere Zündspule, neue Sitzbezüge und alle paar Jahre ein neues Verdeck.

Wir sind bekennende Schönwetter-Entenfahrer, haben den Wagen fast nur bei gutem Wetter für Ausflüge genutzt, als unser Kabrio für Arme. So sind zu den rund 81.000 Kilometern beim Kauf in 17 Jahren nur weitere 20.000 Kilometer dazu gekommen. Wirkliche Pannen hatten wir in all den Jahren nicht, nur eine neue Kupplung war vor zwei Jahren fällig.

Am Wagen selbst war ansonsten wenig vorzubereiten. Wir haben die Rückbank herausgenommen und eine Plane als Abdeckung für das Gepäck angebracht. Platz ist ohne Rückbank hinten ja üppig; ein Problem kann dann eher das Gewicht des Gepäcks sein. Wo viel Platz ist, lädt man gerne reichlich ein und wundert sich dann, dass die hintere Stoßstange fast am Asphalt kratzt. Wir haben uns daher sehr beschränkt und sind mit nur 50 kg Zuladung ausgekommen, so dass die Straßenlage halbwegs normal war.

Unser Gepäck bestand aus zwei Reisetaschen für Bekleidung sowie einem Koffer, in dem eine Basisausstattung für Picknicks einschließlich einem kleinen Gasgrill und sowie unsere Regenjacken steckten. Dazu kamen noch zwei kleine Klappstühle sowie eine Box für Lebensmittel. Die Idee war, dass wir bei Bedarf alles ins Hotelzimmer tragen können, so dass der Wagen nachts offensichtlich leer war und keine Neugierigen dazu verleitet, mal nachzusehen, ob es da etwas zu holen gibt.

Unser Navi hat eine OpenStreetMap-Karte von Russland bekommen, und natürlich kam eine DashCam an die Windschutzscheibe – wenn man YouTube glauben darf, ist das ja geradezu Pflicht in Russland. Um Neugierige abzuhalten hat die Motorhaube ein Schloss bekommen, und einen Riegel für das Lenkrad hatten wir auch dabei – kein echter Diebstahlschutz, aber vielleicht ausreichend, um übermütige Witzbolde abzuhalten. Und ich habe die Gummiringe der Sitze kontrolliert und gerissene Exemplare ersetzt – eine Aktion, die den Sitzkomfort merklich erhöht hat.

Blieb noch die Frage der mitzuführenden Ersatzteile. Nach der alten Regel, dass nie das kaputtgeht, was man als Ersatzteil im Kofferraum hat, war ich hier großzügig: Elektronische Zündung, Zündspule, Zündkabel, Kerzen, Benzinpumpe, Gas- und Kupplungszug, ein Radlager sowie diverse Dichtungen lagen hinten beim Ersatzrad; dazu ein Ersatzvergaser – dieser nur, weil ich ihn habe und noch Platz war, Vergaser gehen ja eigentlich nicht kaputt. Dazu ein kleiner Werkzeugkoffer; die Ente ist ja in Bezug auf Werkzeug wenig anspruchsvoll. Und das alles passte neben das Ersatzrad in die Mulde im Kofferraum.

Vorne unter der Haube lag noch ein weiterer Ersatzreifen ohne Felge – ein 135er Reifen mit Felge ist ein kleines Stück zu hoch und passt da leider nicht hin. Und die schöne Halterung unter der Motorhaube ungenutzt lassen geht ja auch nicht. Auch der Wagenheber und Reserveöl waren unter der Motorhaube verstaut.

Und mit dem Kilometerstand 108.768 sind wir dann am 12. Mai in Göttingen losgefahren.

Von Göttingen nach Travemünde

Wir starten um 8:40 Uhr Richtung Hamburg auf die voraussichtlich längste Etappe der geplanten Reise. Wir fahren auf der Landstraße, denn Ente und Autobahn passen nicht wirklich gut zueinander. Das Wetter ist feucht und trübe, das Verdeck bleibt zu. Die versehentlich Navi-Einstellung "Kürzeste Strecke" führt uns anfangs über kleinste Landesstraßen; nach der Umstellung auf "Kürzeste Zeit" geht es dann besser voran.

Hinter Celle wird das Wetter besser, wir können das Dach aufrollen. Und allmählich lässt auch die Anspannung nach, das ängstliche Lauschen auf ein unerwartetes Motorgeräusch, auf plötzliches Scheppern oder auf Veränderungen in der Straßenlage. Noch nie waren wir mit der Ente so weit von zu Hause weg.

Nach 284 Kilometern tanken wir in Hamburg zum ersten Mal, 18 Liter, wirklich sparsam ist die Ente nicht. Andererseits fühlt sich die zurückgelegte Strecke sehr viel länger an, so dass der Verbrauch pro gefühltem Kilometer dann doch niedrig ist. Und wir haben die voraussichtlich längste Etappe gut überstanden, keine Panne, keine Rückenprobleme, man sitzt auch auf längeren Strecken ganz gut in der Ente.

In Hamburg bleiben wir einen Tag und fahren erst am Dienstag, den 14. Mai weiter nach Travemünde. Abfahrt der Fähre soll gegen Mitternacht sein, wir haben also den ganzen Tag Zeit. In Travemünde kaufen wir noch Proviant ein und tanken erneut, dann fahren wir zum Skandinavienkai.

Check-in erfolgt im Hafenhaus. Im Untergeschoß befindet sich ein riesiger Getränkemarkt, in dem sich die reichlich vorhandenen LKW-Fahrer kartonweise mit Bier und Alkoholika (Mitbringsel für die Heimat? Vorräte für die Überfahrt?) eindecken.

Bei der Zufahrt zum Kai gibt es noch ein kleines Problem, weil der Scanner den Barcode unserer Tickets nicht erkennt - also noch mal zu Fuß zurück zum Hafenhaus, "das kommt manchmal vor", erfahre ich, wir sollen ein anderes Tor nehmen, "da sitzt noch jemand".

Das klappt, wir fahren an Unmengen von LKW und abgestellten Anhängern zum Pier 3, wo schon einige Last- und Lieferwagen und ansonsten nur ein einziger polnischer PKW warten. Kurz nach uns kommt dann ein Motorrad, es folgen noch einige PKW - aber viele sind es nicht. Es ist offensichtlich noch nicht Touristensaison.

Gegen 21.00 Uhr läuft die Fähre ein, LKW fahren von Bord. Dann beginnt das Boarding, zuerst dürfen die wartenden LKWs aufs Schiff, außerdem werden Unmengen neuer, noch mit Schutzfolie beklebter PKW auf die Fähre gefahren. Und immer, wenn wir denken, jetzt sind wir endlich dran, kommt ein weiterer Schwung LKW und Neuwagen um die Ecke und fährt auf die Fahre, während wir weiter warten müssen - und wir fragen uns, ob wir überhaupt noch Platz haben werden.

Auf dem Weg zu Pier 3

Wir warten auf die Fähre

Gegen 23:00 Uhr dürfen wir auch endlich an Bord. Wir parken direkt an der Schiffswand, laden aus, fahren zum 6. Deck hoch, wo die Rezeption ist. Unsere 2-Bett-Kabine ist gleich um die Ecke, hat ein großes

Die Fähre ist da, aber wir dürfen noch nicht an Bord.

Fenster und ein Doppelstock-Bett, was eine gewisse Jugendher-bergsanmutung erzeugt. Aber es ist genug Platz, die Nasszelle ist in Ordnung, alles ist sauber und rustikal-zweckmäßig.

Wir liegen schon im Bett, als das Schiff ausläuft.

15. Mai 2019

Ein Tag auf See

Wir stehen gegen 7.00 Uhr auf und frühstücken mit unseren gestern gekauften Vorräten. Die Cafeteria ist von 8:00 bis 9:00 Uhr geöffnet, wir trinken dort Kaffee. Außer uns haben scheinbar alle anderen Verzehrbons für die Frühstückstheke. Sie werden in der Rezeption für 20 Euro (Frühstück und Dinner) bzw. 30 Euro (mit zusätzlichem Mittagessen) angeboten. An sich nicht schlecht, aber da wir eine Lunchbox voller verderblicher Salate, aber keinen Kühlschrank haben, machen wir ein Picknick in der Kabine.

Die Passagiere an Bord sind ganz überwiegend russische Lkw-Fahrer, kräftige Männer mit Ansatz zum Übergewicht, die den freien Tag genießen, indem sie im Fernsehen Eishockey gucken und Bier trinken. Dazwischen einige wenige Touristen so wie wir.

Wir treffen aber auch den Motorradfahrer aus der Warteschlage wieder. Er kommt aus Gummersbach und ist pensionierter Lehrer (was sonst), der Freunde in Estland besuchen will.

Draußen scheint die Sonne, die See ist ruhig und die Sicht gut. In der Ferne sehen wir links eine Steilküste, Brigitte vermutet dort Rügen, das aus unerfindlichen Gründen die Position von Süden nach Osten gewechselt hat (eher unwahrscheinlich), während ich auf einen Eisberg

tippe (wäre aber auch unge-
wöhnlich so spät im Jahr).
Tatsächlich ist es wohl die
dänische Insel Mön.

Die Fähre fährt durch den
Kanal zwischen Bornholm
und dem schwedischen
Festland, man erkennt zu
beiden Seite die Uferlinie, dann geht es quer über die Ostsee Richtung
Lettland, ohne Sicht auf irgendeine Küste.

Es ist sonnig, aber kühl, kein Wetter für das Sonnendeck. Abends
wird die See etwas unruhiger, ich halte das für unbedeutende Wellen-
gang, Brigitte befürchtet den nahen Schiffsuntergang.

16. Mai 2019

Von Liepaja nach Saldus

Um 3.00 Uhr morgens, wir liegen noch im Bett, kommt die Durchsage, dass die Cafeteria eine Stunde für das Frühstück geöffnet ist. Wir duschen, packen, beobachten im Morgengrauen die Einfahrt in den Hafen. Wie immer sind wir viel zu früh im Auto, warten, dass wir von Bord fahren können.

Um 5.00 Uhr morgens ist Liepaja völlig menschenleer, und weit und breit ist kein geöffnetes Café zu entdecken. Zur Ostsee hin gibt es Dünen und einen Park, wir stehen hier einige Zeit, dösen noch etwas, aber es wird doch recht kühl im Auto, und wirklich bequem ist es auch nicht.

Man erkennt noch, dass Liepaja, ehemals Libau, früher ein vornehmer Kurort gewesen sein muss, es gibt schöne, aber schlecht erhaltene Bürgerhäuser und ein altes, jetzt abgesperrtes Kurhaus, dazwischen Holzhäuser in unterschiedlich Stadien des Verfalls. Einige Straßen haben abenteuerlich schlechtes Kopfsteinpflaster.

Auf dem Weg Richtung Bahnhof entdecken wir dann eine Tankstelle mit geöffnetem Café, sehr modern, es gibt guten Café Latte, hier bleiben wir einige Zeit.

Libau war auch ein großer Hafen der zaristischen Kriegsmarine. Wir besuchen die Nikolai-Marinekirche, die goldglänzende Zwiebeltürme hat (eindeutig kein Echtgold) und deren Innenraum auch schon bessere Zeiten gesehen hat. Im weitgehend leeren, quadratischen Hauptraum stehen Tische mit weißen Tischdecken und Stühlen davor, was ein wenig an ein Restaurant erinnert. Die Reihen sind so auf den Altar hin ausgerichtet, so, als würde zur Predigt ein Menü serviert. Man darf nicht fotografieren.

Die Nikolai-Marinekirche

Brigitte sitzt vor der Kirche und zeichnet, ich mache einen kleinen Spaziergang. Die schachbrettartig angelegten Straßen im Bereich des alten Marinestützpunktes sind sehr breit, und sie sind dicht mit schönen Laubbäumen gesäumt. Neben alten, wenn auch etwas heruntergekommenen Häusern aus der Marinezeit gibt es aber auch arg heruntergekommene Plattenbauten.

Weiter geht es auf der Bundesstraße A9 Richtung Saldus. Die Straße ist in sehr gutem Zustand, und es herrscht wenig Verkehr - die Straße ist nicht nur vor uns, sondern auch - was sonst selten vorkommt - hinter uns völlig leer. Die Sonne scheint, wir haben das Verdeck geöffnet. Die Landschaft ist leicht gewellt, wir fahren vorbei an großen Feldern mit Raps, grünen Wiesen, kleinen, lichten Laubwälder, dazu weht ein kräftiger Wind von vorne. Es gibt fast keine Ortschaften, nur hin und wieder einzelne Häuser etwas abseits der Straße.

Mittags erreichen wir nach 100 Kilometern Saldus. Der Ort besticht durch eine Unmenge kostenloser Parkplätze im Zentrum - das ist man als Autofahrer gar nicht mehr gewöhnt. Wir essen in der Kantine MX3: Kalte Rote-Beete-Suppe mit kleiner Fischfrikadelle für Brigitte, Kartoffelsalat und ein Stück Backfisch (möglicherweise Heilbutt) für mich, alles einzeln abgewogen und verkauft nach Gewicht: 3,30 Euro alles zusammen, dazu eine kleine Flasche Orangensaft für 82 Cent. Dieses Preisniveau wiederholt sich anschließend im Café.

Das ländliche Lettland ist eindeutig preiswerter als die deutsche Ostseeküste.

Wir übernachten in einer Ferienanlage an einem See, sehr, wirklich sehr abgelegen und ruhig, für die letzten 5 km war schon kein Asphalt mehr da, nur noch Schotter. Außer uns ist noch ein Schweizer Paar mit Wohnwagen da, ein weiterer Gast wird noch erwartet.

Es ist hier unglaublich ruhig hier. Wir sitzen noch ein wenig am See, dann beenden wir den Tag.

Weite Landschaft, gute Straße: Auf dem Weg nach Saldus

Peba D60
2019/05/16
08:56:57

In Saldus

Peba D60
2019/05/16
09:28:30

17. Mai 2019

Von Saldus nach Riga

Zum Frühstück gibt es - neben Marmelade, Käse, Rührei und Wurst - frisch gebackene Quarkküchlein, die wie die Füllung einer Quarktorte schmecken, aber keinen Boden haben und die sehr lecker sind.

Um 9:30 Uhr brechen wir dann Richtung Riga auf, weiter auf der Bundesstraße A9. Kurz vor Riga biegen wir Richtung Ostseeküste nach Jurmala ab. Die Verbindungsstraße zur Küste ist, kaum ist die Bundesstraße außer Sichtweite, in erbärmlichen Zustand, nur geflickte Löcher und Löcher noch ohne Flicken.

In Jurmala hat die Ostsee einen breiten Sandstrand, davor Sanddünen, und in den Dünen schöne alte Villen und kleinere hölzerne Sommerhäuser, eingebettet in lichte Birkenwäldchen. Irgendwie tschechowesk, man erwartet junge Frauen in langen, weißen Kleidern, und melancholische junge Männer mit schwarzen Bärten. Es sind aber eher ältere Frauen mit Hunden und Bauarbeiter zu sehen. Denn es herrscht rege Erneuerungstätigkeit, alte Häuser werden durch moderne, eckige Neubauten ersetzt. Allerdings ist der Prozess der Modernisierung hier noch nicht so weit fortgeschritten wie an der Lübecker Bucht.

Abseits der Hauptroute wird die Straße merklich schlechter

Wir halten auf einem Parkplatz am Strand. In beiden Richtungen erstreckt sich ein breiter, feiner Sandstrand, fast menschenleer, nur einige Strandläufer sind zu sehen. Trotzdem ist die Station der Rettungsschwimmer besetzt, und die Digitalanzeige auf dem Dach der Station

Weiter Strand, menschenleer: So schön kann die Ostsee sein

zeigt für Wasser - und Lufttemperatur gleichermaßen 18 Grad an. Da wäre ich selbstverständlich sofort baden gegangen, aber, leider, leider, die rote Fahne ist aufgezogen.

Zurück auf dem Parkplatz bewundert eine alte Frau die Ente und macht ein Foto, fragt, wie alt der Wagen sei. Ich weiß nicht, ob sie die Antwort „Dreißig Jahre" wirklich versteht; vermutlich hat sie ein deutlich höheres Alter erwartet.

Ein Stück weiter finden wir eine Fußgängerzone mit Läden, Cafés und Restaurants, es ist wenig los.

Unser nächstes Ziel ist ein Waschsalon in Riga. Im nachmittäglichen Feierabendverkehr durchqueren wir die Stadt, es herrscht viel Verkehr, wir stehen im Stau, und dass wir dann noch falsch abbiegen ist auch nicht hilfreich.

Der Waschsalon ist in einem kleinen Einkaufszentrum untergebracht; wir nutzen die Wartezeit für Einkäufe.

Unser Hotel liegt im nördlichen Bereich von Riga, in einer Wohnstraße, auch hier müssen wir einen komplizierten Bogen fahren, um es zu erreichen. Hinter dem Haus gibt es einen kleinen Garten und einen geschützten Parkplatz. Drinnen gibt es einen Aufenthaltsraum mit Küche, Esstischen und Sitzecke, den Gäste jederzeit nutzen können; wir nehmen ein spätes Mittag- bzw. frühes Abendessen ein - unsere Zeitplanung war etwas durcheinander. Vom Fenster aus können wir beobachten, dass die Ente auf dem Parkplatz hinterm Hotel nicht unbeachtet bleibt.

Feierabendverkehr in Riga

Guck mal, was da parkt: Besucher auf dem Hotelparkplatz

Ich mache dann noch einen kleinen Spaziergang durch das Stadtviertel, während Brigitte im Hotel bleibt und zeichnet. Es gibt schöne Bürgerhäuser aus der vorvorigen Jahrhundertwendezeit, dazwischen niedrige Holzhäuser. Nur wenige Fassaden sind renoviert, die Steinbauten sind grau und beige, von den Holzfassaden blättert die Farbe ab. Bäume gibt es fast nicht, dafür hängen Oberleitungen für die Trolleybusse über der Straße. Der Gesamteindruck ist ein wenig trist.

18. Mai 2019

Von Riga nach Cesis

Da wir keine Lust auf Stadtbesichtigung haben beschließen wir, nach dem Frühstück direkt unser nächstes Ziel anzusteuern. Außerdem - in Riga muss man vor 11 Jahren gewesen sein, heute ist das nicht mehr so ursprünglich wie früher. Was für ein glücklicher Zufall, dass wir vor 11 Jahren in Riga waren!

Eine erste Pause machen wir in Sigulda, hier soll es Burgen und Schlösser sowie ein Wintersportzentrum mit Seilbahn, Bobbahn und Skischanzen geben. Das überrascht etwas, denn die Gegend sieht trotz ihres Namens ("lettische Schweiz") absolut eben aus. Hier beginnt zudem ein Nationalpark.

Sigulda wirkt beim Durchfahren völlig belanglos, von den im Reiseführer beschriebenen Attraktionen keine Spur. Etwas außerhalb sehen wir dann die versprochene Burg. Auf dem Weg dorthin müssen wir den Fluss Gauja überqueren, er fließt in einem tiefen Tal, es geht steil bergab und nach der Brücke wieder bergan. Im Flusstal finden wir auch die Seilbahn, sowie einen Kletterpark, auch Bobbahn und Sprungschanze entdecken wir. Auf dem Gauja kann man auch gut paddeln. Viel los ist hier noch nicht, aber immerhin finden wir ein rustikales Café, wo wir auf der Terrasse in der Sonne sitzen können.

Im Tal des Gauja

Picknick, britischer Stil

Kurz vor Cesis machen wir ein improvisiertes Picknick im britischen Stil (Parkplatz neben der Straße, Klappstühle vor dem offenen Kofferraum, Salate und Sandwich, leider fehlt der Tee).

Die gestern erworbene Dose mit - wie wir dachten - sauer eingelegtem Bratfisch erwies sich als eher geschmackloser Fisch in Aspik, und der vermeintliche Kartoffelsalat war ein geschmacksneutraler Reissalat.

Das Hotel Cesis scheint das Erste Haus am Platz zu sein, fast vornehm. Wir haben ein Zimmer mit Blick auf den Kurpark, alles sehr schön und gepflegt.

Heute ist Museumsnacht in Cesis, es gibt kostenlos Musik und andere Veranstaltungen im Burghof. Auf dem Weg zur Burg besuchen wir eine Kunstausstellung. Im Hauptraum gibt es auf zwei Etagen sehr schöne Web- und Stoffkunst, teils abstrakt, und ohne jeden folkloristischen Kitsch. Ein kleiner Nebenraum ist mit Bildern und Skulpturen vollgestopft, viel sozialistischer Realismus mit bäuerlichen Szenen, und etwas, das man mit gutem Willen als Volkskunst bezeichnen könnte. Das Arrangement wirkt, als hätte man das Lager entrümpelt und alle Fundsachen erbarmungslos in diesen einen Raum gestopft.

Im Burgpark sind ein ganz kleiner Mittelaltermarkt und eine Bühne aufgebaut. Zur Einstimmung trägt eine Gruppe älterer, kopftuchtragender Frauen mit hochgeschlossenen weißen Blusen und knöchellangen Röcken (traditionelle Tracht ohne religiösen Bezug) beliebte russische Volkslieder vor.

Anschließend tritt eine offenbar sehr bekannte, junge Sängerin mit Begleitband (Saxofon, Keyboard, Schlagzeug) auf und singt etwas auf Lettisch, klingt sehr gut, aber wir gehen trotzdem, da wir noch was essen wollen. Das Restaurant im Hotel winkt aber ab, um halb acht nimmt die Küche keine Bestellungen mehr an. In Lettland steht man offenbar spät auf (Frühstück ab 8:00) und macht dafür früh Feierabend.

Das Bistro nebenan hat noch offen und eine Selbstbedienungstheke, es gibt Lachs, Huhn Hawaii (mit Ananas und Käse überbacken), Kotelett, Salate, Sättigungsbeilagen .... und wer jahrzehntelange Mensaerfahrung hat, ist klar im Vorteil.

Wir genießen einen lauen Frühsommerabend auf der Terrasse und wundern uns, dass an einem solchen Event-Abend so wenig los ist. Aber vielleicht kommt das ja noch.

Abends mischt die Polizei noch die lokale Trinkerszene am Park auf.

19. Mai 2019

Von Cesis nach Mustvee

Als wir um 9:30 Uhr aufbrechen, liegt über Cesis noch sonntägliche Ruhe, und wir sind fast alleine auf der Straße. Die Bundesstraße ist wieder in sehr gutem Zustand, und da wir seit Hamburg warmes und sonniges Wetter hatten, rollen wir weiterhin mit offenem Dach durch die Landschaft.

Erste Pause machen wir in Strenci, werfen einen letzten Blick auf den Gauja. Auf dem Gauja wurde früher Holz nach Riga geflößt. Am Ufer liegt ein langes Floß, wir rätseln, ob es für eine Vergnügungsfahrt gedient hat, oder ob es ein ortsfestes Partyfloß ist. Es wird jedenfalls gerade auseinandergenommen.

Hier in Strenci gibt es einen Skulpturenpark mit großen, geschnitzten Figuren, überwiegend rustikal-figürlich, wie zu groß geratene Kaufhauskunst.

Wir fahren weiter. Die ebene Landschaft bietet lichte Wälder, große Wiesen mit viel Löwenzahn und ab und zu ein Rapsfeld. Sehr viel Landwirtschaft ist eigentlich nicht zu sehen, und auch Orte sind rar, ab und zu sieht man einzelne Häuser. Außerdem gibt es immer wieder Bushaltestellen, und wenn gerade ein Bus gehalten hat sehen wir Menschen, die einem fernen, für uns nicht sichtbaren Zuhause zustreben. Die Landschaft ist sehr offen, es gibt kaum Zäune.

Tankstelle mit Café, was braucht man mehr?

Wir würden gerne eine Kaffeepause machen, aber die Tankstelle an einer Kreuzung ist uns zu ungemütlich, wir fahren vorbei. Das erweist sich als Fehler, denn die Letten, die ohnehin nicht viel von gemütlichen Bistros am Wegesrand halten, scheinen Sonntage generell zu Hause zu verbringen: Die wenigen Cafés, die wir sehen, sind geschlossen oder gleich ganz aufgegeben, und es gibt nur noch Automatentankstellen ohne Service.

Wir passieren die Grenze nach Estland, hier sieht es auch nicht anders aus. So dauert es bis 12.00 Uhr, ehe wir eine Tankstelle mit angeschlossenem Bistro finden. Hier gibt es - neben einem wirklich guten Café Latte - auch einen großen Suppentopf mit Bortsch, sodass wir gleich einen Mittagsimbiss einnehmen können.

In Tartu fahren wir zum estnischen Nationalmuseum, ein Bau mit berühmter Architektur - das Gebäude ist die Verlängerung der Startbahn des dahinterliegenden, ehemaligen Militärflughafens. Wir werfen einen Blick in das wirklich riesige Gebäude, sind von der Architektur beeindruckt, stellen dann aber fest, dass uns die estnische Geschichte im Moment eigentlich nicht wirklich interessiert, und so fahren wir ohne Museumsbesuch weiter.

Vor dem Gebäude halten die Esten gerne und machen ein Foto von sich und ihrem Auto. Das immerhin machen wir auch.

Unser Quartier liegt in Mustvee am Peipus-See; das gegenüberliegende, unsichtbare Ufer ist schon russisch. Wir wohnen rustikal in einem Hostel. Die Rezeption ist unbesetzt, es hängt aber eine Telefonnummer aus, die wir anrufen. Kurz darauf kommt der Rezeptionist mit dem Fahrrad vorbei und gibt uns unseren Schlüssel.

Ente vor estnischem Nationalmuseum in Tartu

Unsere Unterkunft in Mustvee

Der Holzbau hat 18 kleine Räume, jeweils mit eigenem Bad, und wir sind die einzigen Gäste. Wir sind eindeutig in der Vorsaison unterwegs, nicht nur hier ist alles ruhig und leer, mit einer Tendenz zum Verschlafenen. Was wir ganz angenehm finden.

Am See gibt es einen großen Grillplatz, aber wir haben eine kleine Terrasse und nutzen die, um endlich einmal unseren Gasgrill einzusetzen. Vorher kaufen wir ein - Sonntagsöffnung (8 - 22 Uhr) ist hier kein Thema.

Am Ufer quaken die Frösche, es ist friedlich und ruhig am See. Abends kommen die Mücken sowie eine wirklich sehr große Hornisse, die sich Innen an unserer Fensterscheibe festfliegt und die wir nur mit Mühe wieder hinausbefördern.

18.5.19 nach Cesni

Storch

Baumhaus

Bahnübergang

skapeliche

wind durch Feld

Tahl

34

20. Mai 2019

Von Mustvee nach Narva

Wir fahren am Peipus-See entlang, ohne ihn zu sehen, biegen am Ende des Sees in ein Feriengebiet ab. Auch hier herrschen Ruhe und Stille, kein Restaurant mit Seeterrasse weit und breit. Das finden wir erst in Johvi, wir sitzen dort am Markt, einem Platz ohne jeden Charme, gegenüber ist ein modernes Einkaufszentrum.

Der Café Latte ist in Ordnung, das Angebot an Speisen aber eher dürftig, wir wollen ein richtiges Restaurant suchen. Wir fahren kreuz und quer durch die Altstadt, es finden gerade umfangreiche Straßenarbeiten statt, wir müssen mehrfach über frisch aufgebrachten Straßenbelag fahren. Der Split prasselt gegen die Kotflügel, das Geräusch tut mir in der Seele weh, und noch Monate später finde ich kleine, teerige Steine in der Karosserie.

Wir finden einige Restaurants, die geschlossen sind (Vorsaison? Montag Ruhetag?), schließlich eines, aus dem Leute kommen. Zu früh gefreut: Der Koch ist krank, es gibt nur ein reduziertes Angebot: Bortsch (geht offenbar immer), Gulasch, Salat.

Straßenarbeiten in Johvi

Das trifft heute nicht unseren Geschmack, wir beschließen zu pickni-cken. Die Frischeabteilung im Supermarkt am Ortsausgang bietet Fisch, Geflügel, Fleisch und Salat, wir decken uns ein. Da es recht schwül ist, suchen wir einen Schattenplatz. Das ist schwierig, in die Wälder kann man nicht hineinfahren, Parkplätze gibt es nicht. Wir biegen mehrfach

Marktplatz in Johvi

ab und bleiben schließlich am Rand einer Schotterstraße. Hier sieht es ruhig aus, und wir erwarten hier eigentlich keinen Verkehr, aber wir täuschen uns: Es fahren erstaunlich viele Autos vorbei.

Noch während unseres ersten Ganges (gekochter Fisch) entschließen sich die Mücken ebenfalls zu einem Picknick, mit uns als Hauptgericht. Die Gegend ist sumpfig, es gibt reichlich Mücken; wir entscheiden uns für einen zügigen Ortswechsel.

Wo die Narva in den Finnischen Meerbusen mündet gibt es einen alten Badeort, mit verfallenen Gebäuden aus der Zaren- und der Sowjetzeit. Hier setzen wir unter Kiefern, im Schatten einer verfallenden Hotelanlage und mit Blick auf die Ostsee, unser Picknick fort.

Unsere Unterkunft in Narva ist schwer zu finden, am angezeigten Ort ist der Firmenkomplex eines Stromunternehmens. Wir umkreisen Wohnblocks und Industrieanlagen, biegen mehrfach ab, und fahren dabei laut Navi mehrmals direkt am Hotel vorbei. Wir sehen es trotzdem nicht. Als halte ich an und erkunde die Gegend zu Fuß. Ich finde schließlich den Eingang: Unsere Unterkunft ist Teil des Stromunternehmens, der Eingang ist direkt neben der Zufahrt. Im ersten Stock gibt es Apartments - vermutlich für Dienstreisende. Da macht auch der Name "Elektra" Sinn. Wir haben ein großes Zimmer mit Sofaecke, Küche und Bad und extrem schnellem Internet.

Wir schauen uns als Vorbereitung für den morgigen Grenzübertritt die Örtlichkeiten an. Es gibt am Stadtrand eine Wartezone (sehr großer Parkplatz mit Mauer drum rum), in der man registriert und dann zur eigentlichen Grenze geschickt wird. Der Grenzposten selbst ist vor einer Brücke direkt neben der Hermannsfeste, er ist hermetisch abgeriegelt.

In einer Nebenstraße stehen ca. 20 PKW und warten; während der halben Stunde, die wir bleiben, wird kein Wagen in den Grenzposten eingelassen.

Das kann ja morgen heiter werden.

In Narva: hier muss irgendwo unser Hotel sein

Da müssen wir morgen hin: Grenzstation in Narva

21. Mai 2019

Von Narva nach Ostroviya

Wir stehen früh auf, räumen den Wagen auf und werfen die restlichen frischen Lebensmittel weg – es gibt ein Einfuhrverbot. Beim Beladen des Wagens spricht mich ein russischer Geschäftsmann an – Dunkler Anzug, weißes Hemd, dunkle Sonnenbrille, Aktenkoffer, wie aus einem schlechten Film über die Russen-Mafia. Er ist begeistert vom 2 CV, und dass wir damit bis hierhergefahren sind, und wird mir mit jedem Wort sympathischer.

Dann sind wir bereit für die große Grenzübertrittsaktion.

Wir haben das Zeitfenster 10:00 bis 11.00 Uhr gebucht, sind aber vor lauter Aufregung 30 Minuten zu früh in der Wartezone. Dort ist es erstaunlich leer. Direkt neben der Einfahrt steht ein kleines Häuschen, wo man sich immer noch anmelden kann, die Vorab-Reservierung war also gar nicht nötig. Ich werde zu Häuschen Nummer zwei am anderen Ende des Parkplatzes geschickt, dort schaut man sich unsere Papiere kurz an: Wir sollen jetzt warten, bis unsere Autonummer auf dem großen Leuchtschild über dem Häuschen erscheint.

Wartezone für den Grenzübertritt in Narva

Jetzt passiert erst einmal lange Zeit gar nichts. Langsam füllt sich der Platz. Einer der Wartenden spricht uns an: Er ist in St. Petersburg geboren, lebt jetzt in Estland, hat einen Sohn, der in Delmenhorst wohnt - und fährt regelmäßig zum Tanken nach Russland, da sei Benzin viel

Warteschlange auf der Brücke über die Narva, im Hintergrund die Hermannsfeste

billiger, und er hat als Rentner Zeit, da machen ihm ein paar Stunden Wartezeit nichts aus. Er habe immer ein gutes Buch dabei, um die Wartezeit zu überbrücken, und außerdem scheint er etliche der anderen wartenden Esten zu kennen – Tanktourismus scheint hier eine beliebte Rentnertätigkeit zu sein.

Kurz vor 11.00 Uhr, es warten jetzt ca. 30 PKW, erscheinen plötzlich alle Autonummern auf einmal auf der Anzeige, und ich merke: Wichtig ist nicht, wie früh man auf dem Platz ankommt, wichtig ist, möglichst dicht vor dem Schalter des Abfertigungshäuschens herumzulungern, um vorne in der Schlange zur Abfertigung sein.

Unsere Daten werden erfasst, wir bekommen eine Nummer (1470) und dürfen zur Grenze fahren. Dort stehen wir in der Nebenstraße, in der Warteschlange, die wir gestern schon gesehen haben, vor uns die, die schneller am Abfertigungsschalter waren, hinter uns die, die langsamer waren als wir.

Ab und zu geht es tatsächlich voran, es ist mehr Bewegung in der Schlange als gestern, auch wenn man das Tempo nicht unbedingt flott nennen kann. Um 11:30 dürfen wir in die Grenzstation zur Ausreise aus Estland einfahren. Der Grenzbeamte sucht erst die Fahrgestellnummer (war die nun rechts oder links unten im Rahmen eingeschlagen? Egal, man kann sowieso nichts erkennen), dann hätte er gerne eine Dokumentennummer auf dem KFZ-Schein – die gibt es leider nicht. Ich merke mir aber, dass ich ein Schild mit der Fahrgestellnummer an gut sichtbarer Stelle im Motorraum anbringen sollte.

Schließlich werden die Pässe gescannt, und wir dürfen weiter. Und zwar ca. 100 Meter weit auf die Brücke über die Narva, wo sich alle Grenzgänger wiederfinden und in einer einzigen Schlange vor der

Schranke zur russischen Grenzstation warten. Und dort warten wir wieder, es ist sehr warm in der Sonne, ich spanne das Sonnenverdeck auf.

Es wird immer rund ein Dutzend PKW zur russischen Station eingelassen. Am Schlagbaum, der die Zufahrt zur Grenzkontrolle reguliert, bekommen wir auch das erwartete Zollformular – auf Russisch. Gut, dass ich das schon fertig ausgefüllt aus der Tasche ziehen kann. Im Abfertigungsbereich gibt es drei Fahrspuren, in jeder stehen rund 10 Fahrzeuge, zwischen den Spuren sind zwei grüne Häuschen, in denen die Anfertigung erfolgt. Über der Szene liegt eine entspannte Ruhe, von Hektik keine Spur.

Die Prozedur ist relativ einfach: Zuerst wird im ersten Häuschen die Passkontrolle absolviert: Visumskontrolle, Datenerfassung, Einreisestempel, und dann bekommt man einen Zettel mit den Einreisedaten ausgedruckt (nicht verlieren!).

Dann ein Stück vorfahren zur Zollkontrolle. Anstellen am zweiten Häuschen, ich kann die zwei am PC fertig ausgefüllte Formulare aus der Tüte ziehen. Schwierigkeiten macht wieder der deutsche KFZ-Schein, sieht fast so aus, als würden hier nicht oft deutsche Touristen über die Grenze kommen. Und auch Citroen ist wohl eher selten. Die Grenzbeamtin schaut aus dem Fenster, sucht die Ente, die hinter den großen, estnischen Limousinen fast nicht zu sehen ist. Schließlich ist alles erfasst, und ich bekomme das zweifach gestempelte Formular (erst recht nicht verlieren!!) zurück.

Ich hatte schon beobachtet, dass die Grenzgänger alle Türen sowie Kofferklappe und Motorhaube ihrer Fahrzeuge öffnen. Die estnischen Fahrzeuge vor uns – und wir sind die einzigen Nicht-Esten hier - sind eigentlich alle komplett leer, was nimmt man schon groß mit, wenn man tanken fährt? Trotzdem - ein Juniorgrenzer hat einen Stab mit einem

Spiegel dran, damit guckt er bei allen Fahrzeugen unter die Sitze, unklar, was er da zu finden hofft.

Endlich sind wir an der Reihe. Der Zöllner schaut in den Wagen, blickt in die Motorhaube (sucht vermutlich den Motor), schmunzelt, sagt etwas zum Lehrling, der in alle Türen und in den Kofferraum guckt. Beide haben überhaupt kein Interesse an unserem Gepäck.

Ich bekomme vom Seniorchef der Zollabfertigung einen weiteren Stempel auf das Zollformular, dann geht die Schranke auf- und um 13:30 Uhr sind wir in Russland.

Die ganze Prozedur hat zwar lange gedauert, war aber völlig entspannt, niemand der Grenzgänger hat gedrängelt oder war ungeduldig, und auch auf Seite der Grenzbeamten war man ruhig und entspannt, völlig ohne Hektik oder Stress. Man könnte den Grenzübertritt gut als Selbsterfahrung zum entschleunigten Leben vermarkten. Oder ein paar mehr Grenzbeamte einsetzen. Egal, wir haben ja Zeit.

In Iwangorod, dem russischen Teil von Narva, sieht es gar nicht so viel anders wie auf der estnischen Seite aus. Es gibt viele Läden und Tankstellen - die typische Infrastruktur einer Grenzstadt, in der alles billiger ist.

Gleich hinter der Grenze sehen wir eine Bank, ich ziehe 7.500 Rubel aus dem Automaten (Höchstbetrag, entspricht 100 Euro). Wir feiern den gelungenen Grenzübertritt mit einem Sandwich und einen Café Latte an einer Tankstelle. Benzin ist wirklich günstig hier - ca. 70 Cent pro Liter. Allerdings hatte ich schon für den doppelten Preis vor der Grenze getankt, damit war ich wohl der Erste seit Jahren, der mit vollem Benzintank über die Grenze fährt.

Geschafft: Wir sind in Russland

Wir wollen nicht direkt, sondern auf einer Nebenstrecke an der Ostseeküste entlang nach St. Petersburg fahren. Unser Navi kennt zwar
alle Straßen, weiß aber offenbar nicht, wo Asphalt ist und wo ein Feldweg der übelsten Sorte. Unser erster Versuch abzubiegen endet an einer Sperre zu einem Fußgängerbereich. Der zweite Versuch führt uns

Unser erster Besuch in einem russischen Supermarkt steht bevor

auf einer ganz neuen Straße zu einem kleinen Ort, von dort geht es aber nur auf einem Feldweg weiter. Nach diesen vergeblichen Versuchen, zur Küste hin abzubiegen beschließen wir, künftig mehr auf Beschilderung zu achten und auch die Landkarte stärker zu berücksichtigen.

Die Landschaft hier ist, wenn das überhaupt möglich ist, noch flacher und einsamer als in Estland, auch ist es hier eher sumpfig. Die Straße ist meist gut, es gibt aber auch Abschnitte mit wirklich üblen Löchern, die ich, so gut es geht, umfahre. Die russischen Fahrer sind da härter im Nehmen, die brettern einfach durch.

In einem kleinen Ort halten wir vor einem Supermarkt an, der Laden ist erstaunlich gut sortiert, es gibt alles, Obst, Gemüse, Fleisch - wir sind beeindruckt vom Angebot und den Öffnungszeiten.

Viele 2 CVs kommen hier wohl nicht durch, wir erhalten viel Aufmerksamkeit und werden auf etlichen Handys aufgenommen. Der Entensympathiebonus funktioniert!

Unser Hotel ist in der Nähe des Ortes, an dem die neue Gasleitung nach Deutschland beginnt. Das Hotel ist ganz neu und sehr gut, wir checken ein.

Wir wollen zu Feier des Grenzübertrittes Essen gehen, und fahren zu dem Ort mit dem Gasterminal, dort müsste es ja wohl ein russisches Restaurant geben. Wir kommen aber nur bis zu einem Bahnübergang am Ortseingang. Dort schließen sich gerade die Schranke, und ein Güterzug rollt durch. Der Zug fährt recht langsam und scheint überhaupt kein Ende zu haben – wir kehren um. In der anderen Richtung müsste ja auch noch ein Ort sein.

Hotelparkplatz in Ostroviya

Tatsächlich finden wir einen kleinen Ort Pyaterochka, am Ufer des Luga. Wir durchqueren den Ort, ein Restaurant gibt es nicht. Dafür sind wir eindeutig der Attraktion des Tages; Handys werden gezückt, und die Ente wird fotografiert, was das Zeug hält.

Wir kehren in unser Hotel zurück. Hier gibt es ein Restaurant mit italienischer Küche, ich nehme Pizza (etwas farblos), Brigitte Fisch in Aubergine eingerollt (sehr gut). Nicht ganz passend für den ersten Abend in Russland, aber was sollen wir machen?

Dieses Hotel hat keine Klimaanlage im Zimmer, aber wirklich sichere Mückengitter, so können wir bei offenem Fenster die zahlreichen Vögel hören. Auch abends um halb elf ist es noch hell.

22. Mai 2019

Von Ostroviya nach Peterhof

Wir sind spät gestartet. Am Gasterminal, nicht weit vom Hotel, beginnt eine ganz neue, supergute vierspurige Autobahn, auf der wir fast alleine fahren. Aber nur ein kurzes Stück, dann biegen wir wieder ab Richtung Ostseeküste.

Kleine Besonderheit: Statt Brücken oder Unterführungen gibt es Wendestellen, um zur Fahrbahn in die Gegenrichtung zu wechseln. Man biegt also von der linken Spur links ab und fädelt sich auf der gegenüberliegenden Überholspur wieder ein, um dann gleich darauf rechts von der Autobahn abzufahren. Das spart Brücken oder Überführungen, wenn man die Autobahn zur gegenüberliegende Seite hin verlassen will. Ist irgendwie gewöhnungsbedürftig, besonders, wenn es mit der eigenen Beschleunigung hapert. Gut, dass wir fast alleine unterwegs sind.

Die Straße wird nun abseits der Autobahn deutlich schlechter, es gibt viele und tiefe Löcher.

Wir halten an einem sehr großen Friedhof, der mitten im einem Wald und ohne sichtbare Ortschaft in der Nähe liegt. Die Grabstellen sind alle mit einem Metallzaun umgeben und reich mit (künstlichen) Blumen geschmückt; auf den Grabsteinen werden gerne die Portraits der verstorbenen abgebildet. Vor allem die Männer sind oft nicht sehr alt geworden.

Wendespur auf der Autobahn

Wir machen Pause an der Ostsee, in einer Bucht mit einem langen, breiten Sandstrand. Zur Straße hin gibt es ein schmales Waldstück mit

In Peterhof

Kiefern und Birken. Es ist hier ganz leer, einige Stangen und Unterstände deuten aber darauf hin, dass hier im Sommer mehr los ist. Ich fühle mich an Fotos aus den 60ern erinnert, da sah es an der deutschen Ostseeküste ähnlich aus.

Wir suchen ein Café; ein original russisches кофе an einer Kreuzung ist uns aber zu authentisch. Wir halten lieber wieder bei einer Tankstelle. Die werden allmählich zu unserem neuen MacDonalds: Sehr guter Café Latte und ein sauberes Klo.

Das Hotel in Peterhof liegt in einem niedrigen, barackenartigen Gebäude, an der Rezeption spricht leider niemand englisch. Wir kommen aber trotzdem zurecht, unsere Reservierung liegt vor. Unser Zimmer ist unterm Dach, die Decke schräg und sehr niedrig. Und dank dunkler Möbel wirkt das Zimmer noch kleiner, als es ohnehin schon ist.

Wir entdecken bei Google einen Waschsalon. Er ist neben einem kleinen Einkaufszentrum, etwas versteckt in einem Hinterhof. Auch hier sind wir die Attraktion aller Passanten, wir werden fotografiert, und es werden viele Fragen gestellt, die wir leider nicht verstehen.

Wir nutzen die zwei Stunden, bis die Wäsche fertig ist, um die Gegend um das Sommerschloss zu erkunden und vor allem die Parkplatzsituation zu prüfen. Besichtigen wollen wir den Palast aber erst morgen.

Auch heute bekommen wir immer wieder reichlich Beifall und "Daumen hoch" für den 2 CV. Und was sehr angenehm ist: Die Ente fällt auf, ohne Neid zu erregen; sie ist sympathisch, aber wir haben nicht den Eindruck, dass irgendwer selbst gerne einen 2 CV hätte. Die Diebstahlsgefahr scheint uns daher gering. Ich glaube, wir werden als leicht exzentrische Touristen angesehen, die man sich gerne anguckt, die man fotografiert, mit denen man aber nicht unbedingt tauschen möchte.

23. Mai 2019

Von Peterhof nach St. Petersburg

Heute gibt es Kultur: Die Besichtigung von Schloss Peterhof, das russische Versailles, direkt an der Ostsee, berühmt vor allem für seinen Garten mit vielen Springbrunnen.

Dank gestriger Erkundung parken wir strategisch günstig nahe dem Eingang. Am Haupteingang gibt es nur Karten für den Garten (1.000 Rubel = 14 Euro), Karten für die einzelnen Gebäude müssen extra direkt bei den Gebäuden gekauft werden. Alle Erklärungen zu weiterem Detail gibt es nur aus Russisch.

Wir sind früh dran, denn die Wasserspiele starten und die Gebäude öffnen erst um 10:30 Uhr, daher ist es noch relativ leer. Es ist stark abgekühlt, und von der Ostsee her weht ein frischer Wind.

Das eigentliche Schloss erinnert in seinem barocken Baustil (nicht aber in der Größe) tatsächlich an Versailles. Das Schloss und die Gärten sind im Krieg stark zerstört worden; was man sieht ist also weitgehend (sehr originalgetreue) Rekonstruktion. Im Garten stehen Bildtafeln, die die Zerstörungen und den Wiederaufbauzeigen.

Im weitläufige Garten gibt es jede Menge Brunnen, und an den Brunnen reichlich Gold - und man fragt sich, ob leichtbekleidete Männer und Frauen sowie dicke, nackte Kinder, die einen Teller über dem Kopf tragen, wirklich von gutem Geschmack zeugen, nur, weil sie vergoldet sind.

Das kleine Nebenschloss "Monplaisir" direkt am Ostseestrand, das wir besichtigen wollen, macht leider auch um 10:30 Uhr nicht auf, vermutlich wegen des Sturmes. Wir stehen auf der Terrasse, von dort sehen wir die Tragflügelboote, die von St. Petersburg aus nach Peterhof fahren.

Gegen Mittag füllt sich der Garten erheblich; auffällig viele Besucher kommen, nach den Gesichtern zu urteilen, aus dem chinesisch-mongolischen Raum. Sollte es dort für die Vorsaison Sonderangebote für das westliche Russland geben?

Das Wetter bleibt kühl und windig, sodass wir gegen Mittag unsere Besichtigungstour beenden. Wir setzen zur letzten Etappe nach St. Petersburg an. Gegenüber vom Konstantin-Palast, den Putin 2003 als Meeresresidenz hat wiederaufbauen lassen, kurz hinter Peterhof, gibt es ein Restaurant, wir kehren ein.

Da wir früh dran sind kann ich noch einer meiner Vorlieben nachgehen: Eine Stadtrundfahrt im vollen Berufsverkehr. Das Wetter wird wieder besser, wir rollen das Dach auf und steuern die Stadtmitte von Sankt Petersburg an. Unser Hotel liegt im Norden der Stadt, und wir machen einen Umweg über den Newskij Prospekt, die Prachtstraße von Sankt Petersburg. Hier finden sich architektonische Kleinode und noble Läden, eine Straße, die in einem Atemzug genannt wird mit der Champs Elysees in Paris, dem Kürfürstendamm in Berlin oder der Weender Straße in Göttingen (kleiner Scherz auf Kosten von Göttingen).

Wir finden eine achtspurige Straße mit schmalen Bürgersteigen, ohne jedes Straßengrün, die Gebäude zwar alt und nobel, aber auch leicht angestaubt, alles voller Menschen und vor allem voller Autos. Nichts sieht für uns heute wirklich einladend aus.

Der Verkehr fließt nur langsam, optimal für eine Stadtbesichtigung. Es würde deutlich schneller gehen, wenn die Kreuzungen nicht immer verstopft werden würden, aber es wird ohne Rücksicht auf die Kreuzung gefahren, auch, wenn man dadurch den gesamten Verkehr blockiert.

Unser Hotel liegt in einem recht wohlhabenden

Geschafft: Das Tor zum Hotelparkplatz in St. Petersburg geht auf

Viertel. Das Hotelgrundstück ist von einem hohen, blickdichten Zaun umgeben, die Zufahrt wird nur auf Klingeln hin aufgemacht. Und zwar von einem Pförtner, der in einer kleinen Hütte neben dem Eingang residiert. Wir sind erleichtert: Hier parken wir offenbar sehr sicher. Unser Zimmer ist sehr groß, wir blicken auf einen Nebenarm der Newa.

Gegenüber am anderen Ufer ist ein großer Park, am Ufer bei uns liegt ein Restaurantschiff. Ich mache noch einen kleinen Rundgang zur Orientierung: Die Metrostation ist gleich um die Ecke, und hinter dem Hotel ist ein großer Vergnügungspark mit Riesenrad und Achterbahn.

Die Wohnhäuser hier im Viertel sind alle neu, große Blocks zwar, aber architektonisch durchaus ansprechend, und alle von einem hohen Zaun umgeben. Drinnen sind Spiel- und Parkplätze, hier parken Luxusmobile von BMW, Range Rover, Mercedes.

Fußläufig entdecke ich noch einen Tretroller- und einen Fahrradverleih, einen Supermarkt, der bis 23 Uhr geöffnet hat, einen privaten englischen Kindergarten, die Konditorei "La Marseillaise", einen Wohnwagen in Airstream - Form, aus dem Hamburger und Hot-Dogs verkauft werden, einen Imbiss, der mit "Modern Russian Cuisine" wirbt (Speisekarte aber leider nur auf Russisch), und der mir auffällt, weil sich davor eine lange Schlange von Kunden gebildet hat.

Für die Statistik: Wir sind jetzt ab Göttingen 1.600 km gefahren, der Spritverbrauch liegt bei 6,2 Litern pro 100 km, was hinsichtlich Geschwindigkeit und Wagengröße eigentlich recht üppig ist. Leider stelle ich im Hotel fest, dass die SD-Karte in unserer DashCam defekt ist, so dass die Fahrt durch St. Petersburg – und damit die bislang interessanteste Strecke der Reise – nicht aufgezeichnet wurde. Sehr bedauerlich. Aber dafür habe heute getankt und umgerechnet 64 Cent pro Liter Benzin bezahlt. Dass ich das noch erleben durfte!

24. Mai 2019

St. Petersburg

Wir kaufen uns jeder eine10er-Karten für die Metro - an einem Schalter, hinter dem noch ein echter Mensch sitzt, der sogar englisch versteht - und fahren ins Zentrum. Der Bahnsteig ist tief unter der Erde, die lange Rolltreppe hat ordentlich Tempo. Unsere Haltestelle ist mit römischen Mosaiken geschmückt, alles erinnert ein wenig an die Metro in Paris.

Brigitte hat ein Treffen mit einer Soroptimistin (= ihr Frauenserviceklub) im berühmten Café Singer am Newskij Prospekt. Das Gebäude mit dem Café wurde vom bekannten Nähmaschinenhersteller errichtet und hat eine sehr hohe Kuppel mit einer Weltkugel obendrauf.

Ich erkunde inzwischen die Lage bei der Eremitage - kein übermäßiger Andrang, Karten gibt es ohne Wartezeit am Automaten. Und der Newskij Prospekt wirkt zu Fuß auch deutlich freundlicher als gestern vom Auto aus.

Ich gehe zurück zum Singer-Café, danach besichtigen wir die genau gegenüberliegende Kasan-Kathedrale. Das ist eine verkleinerte Ausgabe des Petersdomes. Innen ist es recht duster, es riecht nach Weihrauch, und es gibt keine Stühle oder Bänke - offenbar werden die Gottesdienste im Stehen abgehalten.

57

Isaak-Kathedrale

Vor einem Altar an der Stirnwand hat sich eine lange Schlange von Besuchern angesammelt, vermutlich kann man hier besonders wirkungsvolle Gebete sprechen, genau ist das nicht zu erkennen.

Mittags kehren wir in einer Kantina ein, ein unscheinbares Lokal im Keller, von außen kaum zu identifizieren, wir bemerken es nur, weil sehr viele Passanten hier reingehen. Denn Das Lokal ist sehr beliebt, es ist voll, und das sind fast alles keine Touristen. Es ist Selbstbedienung, man nimmt ein Tablett und kann dann an einer sehr langen Theke auswählen, was man essen möchte. Ich wähle auf gut Glück

eine weißliche Suppe, Fisch, panierte Klopse, Salat, einen Kebab-Spieß, Pastete. Alles zusammen kostet 12 Euro.

Die Suppe ist eine Fischsuppe, sehr lecker, die Klopse enthalten feingemahlenes Huhn, die Pastete bleibt rätselhaft, der Rest ist, wonach er aussieht.

Da wir schon mal auf dieser Ecke sind, wollen wir auch noch die Isaak-Kathedrale besuchen. Auf dem Weg dorthin passieren wir das berühmte Denkmal für Niklaus den Ersten zu Pferde. Das Denkmal wird gerade restauriert und steckt unter einem riesigen Zelt; immerhin ist auf den Zeltwänden ein Bild des Denkmals in Originalgröße abgebildet, sodass wir wissen, was wir hier beinahe gesehen hätten.

Beim Bau der Isaak-Kathedrale stand Bescheidenheit ganz offensichtlich nicht im Pflichtenheft, der Gebäude ist riesig, 112 Granitsäulen außen, das Dach mit einer halben Tonne Gold gedeckt. Auch Innen keine Spur von Zurückhaltung: 40 Sorte Gestein und Marmor wurden verbaut, alle Wände mit biblischen Szenen ausgemalt, dazwischen riesige, vergoldete Relieffiguren, und wo dann immer noch Platz war hängen vergoldete Schmuckelemente. Und alles in einem Zustand, als wäre die Kathedrale erst letzten Monat fertig geworden. Der Gesamteindruck ist wirklich überwältigend.

Unterhalb der Kuppel gibt es eine Aussichtplattform, zu der ich hochsteige. Man hat hier einen tollen Blick über ganz St. Petersburg, die Stadt ist wirklich völlig flach, und die Häuser im Innenstadtbereich sind alle relativ niedrig (nicht höher als der Winterpalast war die Vorschrift).

Auf dem Weg zur Metro kommen wir an der Rolls-Royce-Vertretung sowie einem Siegmund-Freud-Nachtclub vorbei. Ich weiß nicht wieso,

aber beide scheinen mir im Schatten der Kathedrale passend untergebracht.

Rolls-Royce Motor Cars
St. Petersburg

Völlig erledigt fahren wir zurück ins Hotel.

25. Mai 2019

St. Petersburg: Die Eremitage

Heute ist Emeritage-Tag: Wir besuchen die große Kunstsammlung im Winterpalast. Frühes Aufstehen ist unnötig, da erst um 10:30 Uhr geöffnet wird. Tickets gibt es ohne Wartezeit am Automaten, am Eingang ist nur ein kleiner Stau an der Sicherheitsschleuse.

Obgleich schon etliche Reisegruppen unterwegs sind, ist es drinnen nicht voll: Der Palast ist riesig, da passen viele Gruppen rein.

Wir folgen einem Vorschlag aus einem Reiseführer, der einen Rundweg zu den Highlights im 1. Stock vorschlägt. So sieht man zwar nur einen kleinen Teil der Bestände, verliert sich aber auch nicht in den Massen an Räumen.

Leider sind die Räume mit den französischen Beutekunst-Impressionisten geschlossen - Renovierung? (Steht an der Tür). In einem anderen Gebäude? (Steht im Plan). Zurückgegeben? (Ist nur ein Scherz). Auch eines der Madonnenbilder von Da Vinci ist gerade verliehen.

Im mauretanischen Pavillon-Saal steht eine riesige Pfauenuhr - zu bestimmten Zeiten werden ein goldener, lebensgroßer Pfau und eine Eule animiert; man kann das in einem Video sehen - faszinierend. Nur das Ablesen der Uhrzeit ist fast unmöglich.

Ansonsten sind die Räume riesig, voller Goldverzierungen, Marmor an den Wänden, Fußböden aus edlen Hölzern - die Zaren mussten nicht aufs Budget achten.

Und was man nicht im Original bekommen konnte, wurde kopiert - wie ein Bodenmosaik und die Raffael-Loggien aus dem Vatikan.

Nach einer Mittagspause mit überteuerten Sandwiches in der Cafeteria schaue ich mir noch die Wohnräume der Zarenfamilie an. Die Räume sind etwas kleiner, aber ebenfalls prunkvoll gestaltet. Sie sind wohnlich eingerichtet, alle in unterschiedlichen Stilen, es wirkt ein klein wenig wie die Mustereinrichtungen bei IKEA, nur ohne Preisschilder. Es gibt auch noch Abteilungen für Kommoden, Schränke, Silberwaren und Geschirr.

Am Nachmittag ist unsere Aufnahmefähigkeit erschöpft, wir kämpfen uns durch die immer noch einströmenden Reisegruppen zum Ausgang.

Für die Heimfahrt nehmen wir den Bus, so sieht man noch was von der Stadt. Linien10 fährt direkt zu unserer Metro-Station. Vor der Station singt eine Mädchengruppe live zu Playback-Musik, und es werden Anstecker verteilt mit der Aufschrift "с праздником петербург", was laut Google "Fröhliches St. Petersburg" heißt. Dieses Wochenende findet ein Stadtfest statt. Jetzt wissen wir auch, warum vor der Eremitage eine große Bühne aufgebaut wird.

Wir kehren noch bei dem "Modern Russian Cuisine"-Imbiss bei uns um die Ecke ein. Hier gibt es herzhaft gefüllte Crêpes; die russische Speisekarte verzeichnet eine große Menge an Variationen, aber mit stark eingeschränkter Auswahl für dumme, sprachunkundige Touristen

wie wir es sind, denn wir müssen von einem bebilderten Faltblatt wählen.

Wir sitzen mit Blick auf den Vergnügungspark, dort ist heute richtig was los. Aber dunkle Wolken ziehen auf, wir gehen zum Hotel, es fängt kräftig an zu regnen.

Zeit ablesen kaum möglich: Die Pfauenuhr

Fast wie bei IKEA, aber ohne Preisschild:
Sitzgruppe „Zarewitsch?"

"Modern Russian Cuisine"
bei Teremok

Neulich in der Eremitage

Mein Plan, blitzschnell den leeren russischen Thron zu besteigen, die Macht im riesigen Russischen Reich an mich zu reißen und per Dekret die sofortige Aufnahme der Produktion von 2 CVs zu verfügen, scheitert kläglich: Der Thron ist mit einer Kordel abgesperrt!

26. Mai 2019

Ausflug nach Puschkin

Da der Katherinenpalast (der mit dem Bernsteinzimmer) in Puschkin dienstags und zusätzlich am letzten Montag im Monat - also morgen - geschlossen ist, entschließen wir uns zu einem Sonntagsausflug dorthin. Wir nehmen das Auto, Puschkin ist 35 km entfernt. Eigentlich wollten wir in der Stadt ja nicht mit dem Auto fahren. Der Straßenverkehr war bisher sowohl aus Fahrer- wie auch aus Fußgängersicht eher harmlos; da kann man auch mit dem 2 CV einen Ausflug machen, ohne Angst zu haben. Wir fahren sehr lange durch Vorstädte, dann über ein Stück Schnellstraße; der Verkehr ist überschaubar, und wir werden wieder reichlich gefilmt.

In Puschkin parke ich in einer Seitenstraße. Einen offiziellen Palastparkplatz gibt es nicht, und ein ausgeschilderter kostenpflichtiger Parkplatz ist hinter einer Mauer versteckt und völlig leer - da möchte ich auch nicht parken, das ist ja wie eine Einladung für Vandalen. In der Seitenstraße stehen wir recht unauffällig; die kleine Ente verschwindet optisch neben den PKW und SUV, die da sonst noch stehen.

Im Palastgarten ist schon reichlich Betrieb. Am Tor gibt es Eintritts-karten wider nur für den Garten; für die Palastbesichtigungen muss man im Palast selbst die Karten kaufen. Es gibt drei verschiedene Tou-ren. Die Schlange für Tour 1, die die Haupträume und das gerühmte Bernsteinzimmer enthält, hat fast an die 3-Stunden-Wartezeit-Marke

Auf dem Weg nach Puschkin

You never walk alone: Andrang im Katharinenpalast

erreicht, wir schwenken um zu Tour 2, die auch das berühmte Zimmer umfasst. Ist ja ohnehin nur eine Kopie - nicht weitersagen, das Original soll noch bei uns im Garten vergraben sein, habe ich aus zuverlässiger Quelle gehört.

Wir warten trotz kurzer Schlange ca. 1 Stunde; alle 15 Minuten dürfen 25 Besucher eintreten. Bei der Tour 1 ist die Schlange länger, dafür sind die Gruppen größer – zeitlich haben wir fast nichts gewonnen. Beobachtung am Rande: im Park herrscht nicht nur Rauchverbot, es gibt auch jede Menge Personal, das jeden Verstoß sofort per Trillerpfeife unterbindet!

Drinnen müssen wir Papierschuhe überziehen. Die Räume haben große Fensterfronten an zwei Seiten, dadurch wirken sie sehr hell, und außer vergoldetem Stuck und großen Deckengemälden gibt es keine weiteren Verzierungen, auch fast keine Möbel, so dass die Räume bei weitem nicht so überladen wirken wie gestern im Winterpalast. Außerdem gibt es schöne und wirklich sehr, sehr große, blau gekachelte Öfen an den Wänden, zusätzlich zu den offenen Kaminen - offenbar hat hier jemand im Winter schnell gefroren.

Der große Renner ist natürlich das rekonstruierte Bernsteinzimmer. Es sind nur drei Wände mit Bernstein bedeckt; die Fensterwand sowie die Decke sind bemalt. Neben flachen Steinen als Hintergrund, teils mit Formen und Mustern aus dunklem und rotem Bernstein, gibt es Zierelemente in Form von Rahmen, in denen dann wiederum kleine Gemälde hängen. Aber es nun mal so, dass Zierrahmen mit reliefartig geschnitzten Meerestieren oder geschnitztem Obst als Verzierung auch dann kitschig wirken, wenn sie aus Bernstein sind.

Das Bernsteinzimmer ist ob der Menge des verarbeiteten Bernsteins schon beeindruckend, aber eher, weil es skurril ist, und nicht, weil es besonders schön aussieht. Zu Hause möchten wir es jedenfalls nicht haben.

Zurück am Auto beobachten wir, dass die parkenden Wagen auf der gegenüberliegenden Straßenseite unter Aufsicht eines Polizisten abgeschleppt werden - warum, ist nicht ersichtlich, ich sehe kein Parkverbot.

Für den Rückweg nehmen wir die gleiche Strecke wie hin. Unterwegs halte ich bei einer Tankstelle, um einen Café Latte zu besorgen; Brigitte bleibt im Auto sitzen. Als ich zurückkomme, sitzt ein jüngerer Mann auf

dem Fahrersitz: Er hatte noch nie eine Ernte gesehen und wollte einmal darin Platz nehmen. Von der schlichten Anmutung von Armaturentafel und Schalthebel zeigt er sich angemessen beeindruckt. Mein Angebot, wir könnten ja die Autos tauschen – er hatte, soweit ich das sehen konnte, einen relativ neuen und großen Audi – geht er aber nicht ein.

Das war auch nur ein Scherz von mir. Aber wie ich schon sagte – die Ente erregt Aufsehen, aber keinen Neid oder einen Haben-Wollen-Reflex.

Da wir schon mal unterwegs sind, fahren wir noch bei einem Art-Supply-Laden vorbei, der im Reiseführer empfohlen wird – vielleicht findet Brigitte ja noch Zeichenutensilien, die sie noch nicht hat. Der Laden ist im Hinterzimmer eines Taschenladens untergebracht. Wir waren auf der Hinfahrt auch schon da, aber da war noch geschlossen. Brigitte kommt nach kurzer Zeit zurück: Die Auswahl ist mehr als dürftig, alles leicht angestaubt, die Verkäuferin lustlos. Unbegreiflich, wieso der Laden es in den Reiseführer geschafft hat.

Da es erst später Nachmittag ist, wollen wir noch in das Kunstmuseum Erarta, das ganz in der Nähe sein soll. Dort soll es auf fünf Etagen die größte private Ausstellung zeitgenössischer russischer Kunst geben. Wir kreisen mehrfach um die Blöcke, kreuzen durch die Nebenstraßen, finden auch, wie wir meinen, die Adresse, wo es sein soll: Dort steht ein ganz normales Wohnhaus. Schließlich geben wir auf.

Im Hotel finden wird dann die Erklärung: In dem Stadtviertel sind die Straßen durchnummeriert; wir haben Hausnummer 29 in Straße Nummer 2 gesucht; richtig gewesen wäre Hausnummer zwei in Straße 29.

So it goes.

Wir essen wieder herzhafte Crêpes beim Straßenstand neben unserem Hotel, dort ist heute viel los, denn in unmittelbarer Nähe ist ein großes Fußballstadion, und dort hat ein (vermutlich wichtiges) Fußballspiel stattgefunden.

Um mal zu sehen, wie es da aussieht, fahren wir am Hotel vorbei weiter Richtung Stadion. Das Stadion steht am Ende der Newa-Insel, auf der wir uns befinden, und wir sind erstaunt, was es dort noch alles gibt: Neben dem Stadion finden wir einen großen Yachthafen, hypermodere Neubauten und mehrere futuristische Brücken über die Newa. Und im Hintergrund sieht man den Gasprom-Turm, der einer startbereiten Rakete ähnelt. Nix Zarenbarock, hier ähnelt St. Petersburg eher Futurama.

St. Petersburg modern, leider im Regen

Es fängt an zu regnen, wir fahren zurück. Im Fernsehen sehen wir Aufnahmen vom großen Stadtfest heute.

Die Kombination aus frühem Aufstehen, Besichtigungen, abendlicher Dokumentation und weiterer Reiseplanung wird langsam anstrengend, ich muss nach dem Urlaub dringend mal Urlaub machen.

27. Mai 2019

Letzter Tag in St. Petersburg

Heute ist für uns Metro-Tag. Einmal drin, kann man so lange Metro fahren und umsteigen, wie man will.

Unser Hotel liegt an Linie 6, der neuesten Linie. Wir fahren zur Puschkin-Station und wechseln dort zu Linie 1, der ältesten Linie. In der Puschkin- Station das erste Highlight: Puschkin überlebensgroß als Statue, mit einem echten Blumenstrauß geschmückt.

Die alten Stationen der Linie 1 wurden in den 50er Jahren erbaut, im prächtigsten Stalin-Barock. Dieser macht in Symbolik und Formensprache heftige Anleihen bei der altrömischen Kunst. Emblem, Schwerter, Speere, dazu grauer Marmor, Säulen, Schmuckreliefs am Deckengewölbe. Und immer wieder der Sowjetstern sowie Hammer und Sichel als Zierelemente. Und an der Decke monumentale Kronleuchter.

Höhepunkt ist die Station Avtovo. Hier gibt es Säulen aus silbergrauem Metall, vor die Reliefs aus Glas gesetzt sind - die Säulen wirken wie mit Eis überzogen. Dazu die monumentalsten Kronleuchter überhaupt, und an der Stirnseite ein Mosaik, das die Belagerung der Stadt im 2. Weltkrieg thematisiert.

Puschkin, unterirdisch

Platz 2 bekommt die Narvskays Station: Hier sind die Säulen oben mit Figurenreliefs geschmückt, die verschiedene Gruppen von Werktätigen, Künstlern, Bauern und Intellektuellen zeigen. Ich identifiziere Landwirtschaft, Metallarbeiter, Matrosen Soldaten, Architekten, Lehrerinnen, insgesamt 10 Motive, die sich wiederholen. Die Männer jung und kräftig, in heroischer Pose, oft mit nacktem Oberkörper oder einem ärmellosen Hemd, die Frauen gerne in einer Art Kittelkleid.

In den Stationen ist es übrigens blitzblank sauber, keine Graffiti, keine Aufkleber, keine Kaugummireste oder Zigarettenstummel, kein Papierfetzen. Und jede Menge Aufsichtspersonal, das dafür sorgt, dass es so bleibt.

Wir fahren zurück zur Puschkin-Station und verlassen die Metro. Gleich neben der Metro-Station ist der Witebsker Bahnhof - die Eingangshalle in allerfeinstem Jugendstil, hervorragend restauriert, so wie der Rest vom Bahnhof auch. Leider gibt es dort kein gemütliches Café, und auch Rolltreppen oder ein Fahrstuhl wurden nicht nachgerüstet.

Wir nehmen den Oberleitungsbus 15 zum Newskij Prospekt. Wir essen wieder in einer Kantina, neben der Anitschkow-Brücke. Dann gehen wir ein paar Häuser weiter zum Café Eliseevs. Ein Kaufhaus mit Café, mehr üppiger Jugendstil in allerbestem Zustand. Erlesene Delikatessen, handgemachte Klaviermusik, im Café sitzen nur Touristen. Wir kommen mit britischen Ehepaar ins Gespräch, das per Kreuzfahrtschiff nach St. Petersburg gekommen ist und darüber staunt, dass man da auch mit dem Auto hinfahren kann.

Zurück zum Hotel nehmen wir wieder die Metro. Wir machen eine Pause - und wir schaffen es tatsächlich, uns noch einmal aufzuraffen und zum Erarta zu fahren. Diesmal finden wir es auf Anhieb: Ein großes Gebäude, wie versprochen mit 5 Stockwerken voller zeitgenössischer russischer Kunst.

Es gibt eine permanente Ausstellung und wechselnde Präsentationen. Viel Malerei, einige Objekte, viele Stilrichtungen - von abstrakt bis

realistisch, technisch alles auf sehr hohem Niveau, thematisch ist von

74

optischen Spielereien, Alltagsszenen bis Realismus und Surrealismus alles vertreten. Der Besuch hat sich unbedingt gelohnt.

Von den Kunstwerken kann man sich auch Kopien machen und nach Hause schicken lassen; Bestellungen sind auch per Internet möglich:

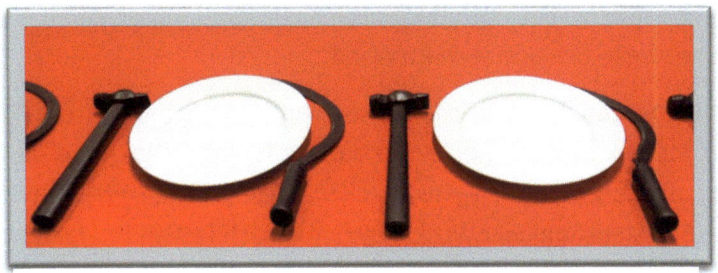

Es kann serviert werden: Kunstwerk mit Hammer und Sichel

https://www.erarta.com/en/. Wir verzichten aber; zu Hause ist schon alles voll.

Als wir gegen 21:00 Uhr ins Hotel fahren, ist es immer noch hell; wenn die Nächte auch noch nicht weiß sind, so sind sie doch schon hellgrau.

In der Metrostation

***

Wir hatten unsere Reise nur bis St. Petersburg vorgeplant; es ist also an der Zeit, den weiteren Verlauf zu überlegen. Da wir von unserem bisherigen Aufenthalt in Russland sehr angenehm überrascht sind, wollen wir auf jeden Fall auch noch nach Kaliningrad, unser Visum erlaubt ja eine zweite Einreise nach Russland.

Wir erwägen drei mögliche Touren nach Kaliningrad: Erstens, Rückfahrt auf der gleichen Route wie auf der Hinfahrt. Das wäre die kürzeste, aber auch langweiligste Strecke. Zweitens, einen größeren Bogen nach Südosten, um über Weliki Nowgorod nach Lettland zu fahren. Das wäre einerseits unbekanntes Gelände, und in Weliki Nowgorod scheint es einiges zu besichtigen zu geben. Andererseits muss man aber auch zugeben, dass die Landstraßen in Russland ganz schön anstrengend sein können mit ihren vielen Löchern. Und – und ich sage das nur ungern – landschaftlich sind das Baltikum und sich hier anschließende Teil von Russland nicht unbedingt extrem abwechslungsreich. Von dieser Landschaft haben wir ja schon einiges gesehen; und der südöstliche Bogen verspricht da nicht unbedingt viel Neues, das die schlechten Straßen aufwiegen würde.

Bleibt eine dritte Option: Ausreise über Finnland, dann mit der Fähre von Helsinki nach Tallinn, und von da wieder quer durch das Baltikum zur Kurischen Nehrung. Landschaftlich auch nicht unbedingt Abwechslungsreich, aber wenigstens sind auf dieser Strecke die Straßen gut. Außerdem waren wir noch nie in Helsinki. Wir entscheiden uns für diese Option.

28. Mai 2019

Von St. Petersburg nach Vyborg

Wir verlassen unser sehr schönes und komfortables Hotel nur ungern, aber die Straße ruft, bzw. Helsinki und Kaliningrad, unsere neuen Ziele.

Vorher brauchen wir aber noch einen Waschsalon. Wir durchqueren wieder ein Wohnviertel, nähern uns dem Punkt, wo es nach Google hätte sein müssen. Statt eines Waschsalons finde ich - eine Post. Das ist einerseits eine gute Leistung, denn Postämter sind nicht nur sehr selten, sondern auch noch extrem unauffällig. Da wir noch Briefmarken brauchen, hatte ich daher auf dem Navigator zusätzlich zu den Waschsalons auch einige Postämter markiert. Durch eine unglückliche Verwechslung hatten wir nun leider eines davon angesteuert.

Da wir auf eine weitere Suchrunde keine Lust haben, fahren wir mit schmutziger Wäsche weiter.

Wir fahren nach Norden, dann wir wollen ja nach Helsinki und von dort eine Fähre nach Tallinn nehmen.

Um etwas schneller voranzukommen, nehmen wir aus der Stadt heraus ein Stück Autobahn. Hervorragender Zustand, wenig Verkehr, aber alle paar Kilometer hält jemand am Mauthäuschen die Hand auf.

Auf der Suche nach dem Waschsalon

Peba
2019/0
08:4

Wir biegen zur Ostseeküste hin ab nach Repino; hier hat ein berühmter Maler gewohnt, der zugleich ein wenig sonderbar war - hat auch im Winter draußen geschlafen, wollte keine Dienstboten, eben ein Exzentriker. Sein Haus kann man besichtigen - nur nicht am Dienstag, also heute, da ist zu. So begnügen wir uns mit einem Blick auf sein

In Repino

Denkmal und auf eine Ecke des Daches, das man vom Parkplatz aus sehen kann.

Mit dem, was wir alles nicht gesehen haben, könnte man einen ganzen Reiseführer füllen. Der hätte die Kapitel "War geschlossen", "Nicht gefunden", "Haben wir woanders schon mal so ähnlich gesehen", "Konnten uns nicht mehr aufraffen", "und "War uns zu schlecht zu erreichen".

Wir machen eine Kaffeepause in einem sehr edlen Strandcafé, man kann über die Ostsee blicken und sieht schwach am gegenüberliegende Ufer die Silhouette von St. Petersburg. Auf dem Parkplatz erregen wir wieder reichlich Aufsehen.

Inzwischen ist die Sonne wieder herausgekommen, wir rollen das Dach auf und gondeln an der Ostseeküste entlang. Es herrscht wenig Verkehr, wir fahren durch lichte Kiefer- und Birkenwälder. Die Straße ist mal in guten Zustand, dann wieder voller Löcher - so wird verhindert, dass man durch die Eintönigkeit der Strecke unaufmerksam oder schläfrig wird. Sind schon kluge Leute bei der russischen Straßenverwaltung.

Wir kaufen ein und machen ein Picknick am Strand, sitzen im Schatten mit Blick auf die Ostsee, es ist völlig ruhig. Das ist noch nicht mal Vorsaison.

Es geht weiter, die Landschaft ändert sich nicht. Am Nachmittag nimmt der Verkehr zu; gegen 16:30 erreichen wir unsere Unterkunft. Das ist - kaum zu glauben - ein Motel.

Zumindest nennt es sich so; der flache Bau ist auch soweit passend, es fehlt aber der direkte Zugang vom Parkplatz zu den Räumen. Unser Zimmer ist schlicht, dafür aber auch sehr preiswert.

Man kann vor dem Eingang auf einer Terrasse sitzen; wir trinken Tee in der Abendsonne. In der Luft sind Schwaden von Pappelsamen. Dann kommen die Mücken, wir flüchten.

Im Vyborg gibt es keinen Waschsalon, unsere Wäsche bleibt auch heute schmutzig.

An der Ostseeküste

29. Mai 2019

Von Vyborg nach Kotka (Finnland)

Es regnet. Es ist nicht kalt, aber es fühlt sich an wie ein ländlicher Dauerregen. Der Parkplatz vom Motel ist voll, offenbar ist das Haus sehr beliebt.

Die Straße nach Finnland ist sehr gut ausgebaut, und es ist sehr wenig Verkehr - glücklicherweise, denn der Landregen hat sich in einen Wolkenbruch verwandelt.

Die Landschaft wird etwas welliger - von Hügel kann man aber noch nicht sprechen -, ab und zu sieht man Felsen, mit Flechten und Moos bewachsen, neben der Straße steht das Wasser.

Die Gegend wirkt völlig menschenleer, wären da nicht die Bushaltestellen mit Zebrastreifen: Irgendwo müssen also Menschen wohnen.

Wir tanken noch einmal das günstige Benzin, dann haben wir die Grenze erreicht.

Es warten bereits etliche Russen und Finnen. Die weitere Prozedur: Zur ersten Bude, Zollformular abgeben, zur zweiten Bude, Pass stempeln lassen, auf den Juniorzöllner warten, Auto kontrollieren lassen. Der Zöllner leuchtet mit seiner Taschenlampe in den Innen- und den Kofferraum, das Gepäck interessiert ihn nicht, dann wünscht er gute Fahrt: Unser erster Aufenthalt in Russland ist zu Ende.

An der Grenzstation gabt es reichlich Mücken, wir sind nach der Kontrolle völlig zerstochen.

Auf der finnischen Seite das Gleiche noch einmal: Aber hier findet die Passkontrolle in einer gläsernen Hütte statt, so dass die Mücken draußen bleiben müssen. Die Abfertigung geht aber auch nicht viel schneller. Überraschung: Nur der Pass wird kontrolliert und gescannt, es gibt keine Zollkontrolle.

Im nächsten Ort suchen wir uns ein Café. Man spricht wieder englisch, die Preise sind wieder in Euro, ich wechsle die Geldbörsen: ich habe jetzt ein Rubelportemonnaie und ein Jubelportemonnaie. Da der Café Latte in Russland auch ziemlich teuer war, gibt es bei der Rechnung erstmal keinen Kulturschock.

Da wir Zeit haben, fahren wir auf der Landstraße in Küstennähe weiter, ignorieren die nördlich verlaufende Bundesstraße. Der Regen hat aufgehört, wir rollen das Dach auf. Es gibt keine Schlaglöcher und keine Flicken mehr, dafür ordentliche Randbefestigungen und Mittelstreifen. Auch ist die Landschaft offener, mehr Landwirtschaft, mehr Häuser sind zu sehen. Es ist wenig Verkehr, und man fährt sehr zurückhaltend.

Wir kaufen für ein Picknick ein; das Geschäft ist eine Mischung aus Cafeteria und Laden. Im Angebot ist Fast-Food zu gehobenen Restaurantpreisen; für einen Hamburger werden rund 15 Euro aufgerufen.

Pause machen wir auf einem Parkplatz am Bootshafen, der Himmel ist bedeckt, es weht ein frischer Wind.

Vorposten zur Grenzstation

Weiter geht es nach Kotka, hier in der Nähe ist auch unser Hotel. Wir fahren zum Hafen, sitzen in einem Café der Sonne. Machen dann noch einen kurzen Spaziergang durch den sog. Wassergarten: Hier gibt es

Erstes Café hinter der Grenze

sogar einen kleinen Wasserfall, der von einem großen Felsen herabstürzt. Das Wasser wird per Pumpe aus dem Meer geholt.

Am Hafen in Kotka

Weiter zum Hotel; es gehört zur eher schlichten Sorte. Immerhin haben wir eine kleine Terrasse mit Tisch und Stühlen, die wir aber wegen der Mücken nur kurz nutzen können.

Wenn wir geahnt hätten, dass die Grenzkontrolle relativ zügig geht, dann hätten wir heute auch bis Helsinki weiterfahren können.

30. Mai 2019

Von Kotka nach Helsinki

Wolkenloser Himmel, strahlendes Licht in der kühlen Morgenluft, die Welt glänzt: Ein Morgen mit Goldrand.

Wir sind fast alleine auf der Straße, kaum Autos, ein paar Fahrradfahrer, Leute mit Hund: Das ist alles. Wir vermuten, die Finnen würden entweder extrem früh oder sehr spät aufstehen, aber Google gibt die richtige Erklärung: Himmelfahrt ist auch in Finnland ein Feiertag.

In Porvoo suchen wir ein Café. Der Ort wirkt wie ausgestorben, aber auf dem großen, weitgehend leeren Marktplatz neben dem Busbahnhof gibt es drei Stände: Einen großen Blumenstand, einen Lieferwagen, aus dem heraus Korbwaren angeboten werden, und ein mobiler Kaffeeausschank mit Tischen und Stühlen davor. Hier sitzen Leute, hier trifft man sich offenbar in Porvoo.

Es gibt zwar keinen Kaffeevollautomaten, nur Kaffee aus der Kanne, dafür aber noch warmes Gepäck in Form eines Schweinekopfes, gefüllt mit Apfelmus. Ein traditionelles finnisches Himmelfahrtsgebäck? Mit einer symbolischen Bedeutung? Man weiß so wenig!

Dann kommt der erste Höhepunkt des Tages jedenfalls für Entenfahrer: Ein sehr seltenes 2 CV-Derivat kommt vorbei, d.h. ein 2 CV mit Sonderkarosserie in Form eines zweisitzigen Coupés mit langer Haube,

Bestes Wetter auf dem Weg nach Helsinki

im Internet finde ich ein Bild davon als „2CV based Coupe" (Pinterest-Bild von Wim van den Bergh).

Als wir gerade gehen wollen, kommt Überraschung Nummer 2: Eine Gruppe schwerer Motorräder fährt auf den Parkplatz, gefolgt von einigen wirklich großen und glänzenden, ganz neuen Geländewagen, mit Nummernschildern ohne Nationalitätskennzeichen, die ich nicht zuordnen kann.

Als die Motorradfahrer ihre Helme abnehmen, kommen nicht etwa, wie sonst immer, ergraute weiße nordische Männer zum Vorschein, sondern mittelalte Chinesen - wird sind auf Abenteuerreisende aus China gestoßen. Meine Vermutung, sie seien auf der alten oder neuen Seidenstraße gekommen, ist aber falsch: An den Wagen kleben große Plakate mit der Reiseroute; es ist eine Nordeuropatour, die neben Skandinavien das Baltikum, Deutschland und Russland umfasst.

Überhaupt scheint Porvoo bei Chinesen bekannt und beliebt, wir treffen im Ort auf weitere Reisegruppen. Zwar soll Porvoo laut Wikipedia ein mittelalterlicher Ort sein; wir konnten da allerdings nicht viel alte Substanz erkennen. Was bei Holzbauweise ja auch nicht verwunderlich ist.

Als wir weiterfahren, begegnen uns schließlich noch etliche Oldtimer mit Rallyeschildern. Offenbar findet heute hier eine Ausfahrt statt; wir werden als Brüder/Schwestern im Geiste freundlich gegrüßt.

Wir kaufen wieder für ein Picknick ein - kein Problem trotz Himmelfahrt -, finden aber keinen schönen Rastplatz. Also fahren wir nach Helsinki hinein, vielleicht kann man im Schatten der Felsenkirche rasten.

Vielleicht hätten wir den Artikel zur Felsenkirche etwas sorgfältiger lesen sollen: Wir hatten ein Bauwerk etwas außerhalb der Stadt auf einem grünen bzw. felsigen Hügel erwartet; die Kirche ist aber mitten in der Stadt. Zudem hatte ich an ein Bauwerk aus Felsen oder auf einem Felsen gedacht, nicht aber an eines, das in einen Felsen hineingebaut ist. Umgeben ist die Kirche von normalen Wohnhäusern, bei den Felsen gibt es einen kleinen Park.

Von außen ist die Kirche kaum zu erkennen, und der Eingang ist im Stil des Brutalismus gebaut: Nackter Beton, in dem man die Strukturen der Schalungsbretter erkennen kann. Erinnert an den Eingang zu einem Bunker; da waren die Eingänge zur Metro in St. Petersburg wesentlich eindrucksvoller.

Metroeingang? Nein, Eingang zur Felsenkirche!

Innen ist die Kirche dann aber doch sehr schön: Ein runder Raum, die Wände aus Felsen, darüber eine flache, runde Kuppel, die auf ganz vielen dünnen Stre- ben ruht, zwischen denen Licht in den Kirchenraum

In der Felsenkirche

fällt und ihn sehr hell und freundlich macht. Sieht ein bisschen so aus, als würde man unter einem landenden Raumschiff Orion stehen (für die Jüngeren: Das Raumschiff mit Dietmar Schönherr als Chef und Eva Pflug als Politkommissarin).

Gleich um die Ecke von der Felsenkirche ist das HAM, das Helsinki Art Museum. Es zeigt u.a. zwei sehr große Fresken von Tove Jansson - das ist die mit den Mumin-Geschichten. Sie hat mehrere Fresken für ein Restaurant gemacht, und zwar auf Blechtafeln und nicht direkt auf der Wand, daher können sie jetzt im Museum gezeigt werden. Auf jedem Bild ist auch schon ein kleiner Mumin versteckt.

Jetzt fahren wir noch zum Westhafen, um zu sehen, wo morgen die Fähre ablegt. Hier liegen auch die Kreuzfahrtschiffe an, deren Passagiergruppen wir in der Stadt gesehen haben. Von den Anlegern strömen am späten Nachmittag Menschen über die Straße zur Straßenbahn. Alle haben große Kartons mit Getränken dabei, hat hier die Butterfahrt überlebt?

Unsere Unterkunft liegt etwas außerhalb, im 3. Stock eines Gewerbehofes, rundum wird noch Gemüse verladen. Wir haben einen Zahlencode für die Haustür und einen für die Zimmertür bekommen, es ist ein Automatik-Selbstbedienungshotel, einen Empfang gibt es nicht. Das Zimmer ist aber unerwartet nett; es ist sehr schön und vor allem einmal geschmackvoll eingerichtet. Wir haben eine kleine Küche, und es gibt auch in einem Gemeinschaftsraum die von uns so dringend benötigte Waschmaschine und einen Trockner. Letzterem fehlt allerdings etwas der Elan, bzw. die Wärme.

Beim Auspacken stelle ich fest: Ich
habe mein Dreifach-Netzteil im letzten Hotel in der Steckdose stecken
lassen.

31. Mai 2019

Von Helsinki nach Märjamaa

Nachts hat es geregnet. Unser Appartement war zwar mit Küche und Waschmaschine, aber ohne Frühstück - aber wir haben ja eingekauft.

Auf dem Weg zum Hafen liegt der weiße Dom, ein sehr imposanter Bau auf einem Hügel, ein typisches 18tes-Jahrhundert-Repräsentationsgebäude, erinnert an das Capitol in Washington, mit seinen Säulen und der zentralen Kuppel. Bloß ist der Dom natürlich viel kleiner.

Als wir ankommen, scheint schon wieder die Sonne. Wir können direkt neben dem Dom parken. Auf dem quadratischen Vorplatz ist schon viel Betrieb; Reisegruppen kommen und gehen, ich zähle 14 Reisebusse.

Innen ist der Dom von schlichter Eleganz, cremeweiße Pastelltöne, dezenter Stuck mit ein wenig Gold abgesetzt, ein großes Altarbild, flankiert von zwei goldenen Engeln (die etwas kitschig geraten sind). Hinten eine sehr schöne Orgel, an der Decke geschnörkelte Kronleuchter.

Der Weiße Dom von Helsinki

Weiter zum Westhafen, von wo aus uns um 15:15 eine Fähre quer über den Finnischen Meerbusen nach Estland bringen soll. Wir sind, mal wieder, viel zu früh da, es weht ein sehr frischer Wind, im Schatten wird es kühl, wir machen das Dach zu. Am Horizont, da, wo wir hinwollen, sehen wir Wolkenberge.

Passagiere auf der Fähre

Es geht pünktlich los, wir sitzen am Panoramafenster im Heck, bekommen endlich einen Kaffee. Es sind bloß zwei Stunden Überfahrt.

Auf der halben Strecke nimmt der Seegang zu; das Schiff schaukelt leicht. Ich gehe einmal nach vorne, da gibt es auch ein Panoramafenster, es spielt eine 3-Mann-Rockband; ein Paar tanzt zur Musik.

Zurück gehe ich über das Sonnendeck, hier weht es heftig, ich nehme vorsichtshalber die Brille ab, habe Mühe, gegen den Wind anzugehen.

In Tallinn gibt es beim Verlassen des Hafens einen großen Stau, die Verkehrsführung könnte eindeutig besser sein. Wir machen einen Ab-

In der Altstadt von Tallinn

stecher in die Altstadt, hier waren wir vor einige Jahren schon mal. Die Altstadt mit den engen Kopfsteingassen ist sehr auf Touristen ausgerichtet und hat etwas disneylandmäßiges, abends darf man aber mit dem Auto hineinfahren. Wir fallen ziemlich auf mit der Ente zwischen all den bummelnden Touristen; müssen schließlich umkehren, da die

Straßen gesperrt sind.

Unser Hotel liegt ca. 50 km außerhalb, auf dem Weg dorthin halten wir noch in einem Einkaufszentrum. Das dort integrierte Bistro bietet als Spezialität dünne, herzhafte Pfannkuchen, ähnlich wie die in St. Petersburg. Ich wähle eine Füllung mit Käse und Ananas; Brigitte hat Shrimps und Hüttenkäse. Beides nicht schlecht, aber merkwürdig geschmacksneutral; die Ananasstücke sind nur an Form und Farbe zu erkennen. Dafür sind die Pfannenkuchen sehr sättigend.

Unser Hotel ist das Ruunawere Post Station Hotel, gleich neben der Bundesstraße, aber sonst mitten im Nichts. Es ist relativ klein, 16 Zimmer, und scheint recht gut besucht zu sein.

Es ist ein schönes Gebäude von 1824, geschmackvoll ein- und hergerichtet. Im Garten steht ein Grabstein, mit einem Namen (Vene Rubla, 1940 - 1992) und einem Gedicht in estländisch. Das Gedicht von H. Puskar ist ein spöttischer Nachruf auf den russischen Rubel, der von 1940 bis 1992 Landeswährung war, und der 1992 durch die estländische Krone abgelöst wurde.

Und wer hat's rausbekommen? Der Google Übersetzer. Der Text bleibt zwar auch in der Übersetzung irgendwie rätselhaft, aber den ungefähren Sinn kann man schon verstehen.

Lenin meie poues-
ta ei olnud hea.
Parem oli taskus
Paavo Nurmi pea
Homme saame kroonid,
aga mis meil neist.
Oleks ainult rohkem
halle dollareid

Lenin in unserem Mund –
er war nicht gut.
Es war besser in seiner Tasche
Paavo Nurmis Kopf.
Morgen bekommen wir die Kronen,
aber was ist mit ihnen?
Es wäre nur mehr graue Dollar.

Von Märjamaa nach Saulkrasti

Wir starten spät. Auf der A4 fahren wird direkt nach Süden, es ist viel Verkehr, auch LKW sind unterwegs, das Fahren ist eher unangenehm. Jetzt kommen uns auch deutsche Wohnmobile entgegen, am 1. Juni wird wohl die Saison eröffnet.

Pärnu ist die Sommerhauptstadt von Estland. Hier ist heute Festtag, Straßenmusikanten spielen, in der Fußgängerzone flanieren die Menschen. Wir sitzen in der Sonne und essen Kringel (eine Art Schmalzgebäck).

Wir fahren zum Strand. Auf dem Weg dorthin treffen wir einen Korso von alten Ladas, es sind die aus dem Fiat 125 abgeleiteten 1000er und 2000er Modelle. Wir winken, man winkt zurück. Auch hier gibt es Oldtimer-Liebhaber!

Die Ostsee hat hier einen breiten Sandstrand, es weht ein kräftiger Wind von See her, aus der Aloha-Bar hören wir Surfmusik. Hier treffen sich die Kitesurfer, flitzen mit beachtlicher Geschwindigkeit parallel zum Ufer. Man fühlt sich fast wie in Kalifornien, unglaublich, dass das die Ostsee ist.

Direkt vor uns versucht sich eine Anfängerin im Kitesurfen - ist wohl doch nicht so einfach, wie es aussieht; sie steht oder liegt fast immer im Wasser, ohne auch nur einen Meter auf dem Brett zu flitzen.

Lada-Freunde in Pärnu

Eine Stunde Kitesurflehrgang kostet 60 Euro, drei gibt es für 125. Zu dumm, dass wir für heute schon anderes geplant haben.

Später biegen wir für eine späte Mittagspause zu einem Naturschutzgebiet an der Küste ab. Nach 2 km Schotterstraße erreichen wir einen Parkplatz, dort hat ein Vogelbeobachter sein Superfernglas auf einem Stativ aufgebaut, beobachtet irgendwelche Vögel, die wir nicht sehen können. Er packt bald ein, wir ist sind wir alleine. Um uns Marschland,

langhaarige Rinder weiden, in einiger Entfernung ist die Ostsee zu se-
hen. Hier ist ein perfekter Übernachtungsplatz, wenn man mit dem
Wohnmobil unterwegs ist (und das legal: Auf der Karte ist hier ein
Zeltsymbol abgebildet).

An der Ostseeküste

Wir fahren auf einer Ne-
benstraße weiter, durch-
queren mehrere kleine Dör-
fer.

Kurz vor unserem heuti-
gen Ziel müssen wir an einem Bahnübergang warten.
Als der Zug durch ist und ich
den Motor starten will,

99

streikt der Anlasser: Die Kontrollleuchte wird dunkler, aber der Anlasser dreht nicht. Wir schieben den Wagen an den Rand, ich hole die Kurbel raus, aber das klappt nicht: Ankurbeln ist gar nicht so einfach. Muss ich gelegentlich mal üben.

Ein T3-VW-Bus hält, fragt, ob er helfen kann. Wir schieben die Ente an, der Motor startet sofort. Wir fahren jetzt gleich zum Hotel; den geplanten Einkauf lassen wir ausfallen. Was kein Problem ist, denn direkt neben dem Hotel – das mehr ein Gasthaus ist - gibt es einen kleinen, schlichten Laden, noch mit Sowjet-Anmutung.

Vor dem Hotel versuche ich noch einmal zu starten; der Anlasser arbeitet wieder ohne Probleme. Möglicherweise ist das ein Wärmeproblem; wir sind vorher lange Zeit relativ (wirklich nur relativ) schnell gefahren. Wir werden sehen.

Man beachte das Nummernschild: Imperialismus und Anti-Imperialismus

Baltische Vögel: Storch und Ente

2. Juni 2019

Von Saulkrasti nach Siauliai

Der Motor startet ohne Problem: Der Anlasser tut so, als sei nie etwas gewesen.

Wir fahren quer durch Riga, der Himmel ist wolkenbehangen, das Licht ist trübe, und wir sind vor 10:00 Uhr unterwegs. Da wirkt die Altstadt von Riga noch nicht sehr einladend. Zudem ist das Kopfsteinpflaster unter aller Sau, und man landet ständig in Sackgassen. Also belassen wir es bei einer kurzen Erinnerungsrunde und fahren weiter.

In Jelgava können wir dann endlich Kaffeepause machen. Da die Kaffeehauskultur in Lettland noch entwicklungsfähig ist, bleiben wir wieder bei einer Tankstelle, mit angeschlossenem Hesburger-Imbiss. Das ist die lettländische Alternative zu MacDonalds. Wir trinken aber nur Kaffee, der Hamburgervergleich muss, wenn überhaupt, später stattfinden.

Die Stadt hat breite Durchgangsstraßen, mit breiten Fußwegen, was sie bedeutend erscheinen lässt.

Breite Straßen in Jelgava

Wir fahren weiter zum Hügel der Kreuze. Hier haben sich tausende von Kreuzen auf einem Hügel angesammelt, von ganz klein bis riesig groß, was aus der Ferne irgendwie makaber wirkt. Hier sind jede Menge Touristen unterwegs. Wir picknicken etwas abseits.

Unsere Unterkunft in Siauliai liegt in einem Wohnviertel, es ist eine Art Pension mit drei Zimmern und Küchennutzung, alles sehr schön und sauber. Außer uns übernachten noch zwei Familien mit kleinen Kindern.

Ich teste den Anlasser: Gleich nach dem Abstellen will er nicht, 10 Minuten später ist alles wieder in Ordnung.

Abends fahren wir noch einmal ins Zentrum, dort gibt es eine Fuß-gängerzone, die aber an einem Sonntag nach 18:00 Uhr so tot wirkt, wie eine Fußgängerzone nur tot wirken kann.

In der Fußgängerzone sind lauter Skulpturen bzw. Kunstobjekte auf-gestellt, sie sind relativ hoch auf Werbesäulen montiert, so dass man sie leicht übersieht. Manchmal sind auch Objekte auf den Dächern zu sehen.

3. Juni 2019

Von Siauliai nach Nida

Wir biegen von der Hauptroute zur Küste auf eine Nebenstrecke ab; die Straße ist zwar etwas schmaler und welliger, dafür sind wir fast allein unterwegs. Sanfte Hügel, wenig Wald, dafür große Wiesen, Rapsfelder, hin und wieder eine Kuhweide mit einem halben Dutzend Kühe: Man kann weit gucken, und wären da nicht die Holzhäuser, dann könnten wir auch in Niedersachsen sein.

Nach 100 km machen wir in Rietavas eine Pause; es gibt eine sehr große Basilika mit einem schattigen Vorplatz sowie etwas, das ein Schloss gewesen sein könnte. Der Schlossgarten hat noch eine sehr schöne Umfassung, am Eingang wachen Löwenskulpturen, das alte Schlossgebäude wurde aber durch Plattenbauten ergänzt, was dem Gesamteindruck nicht sehr zuträglich ist.

In Klaipeda, früher Memel, sind wir wieder an der Ostsee. Wir essen Mittag am alten Hafen, in dem jetzt Yachten und Fischkutter liegen. Es gibt eine kurze Hafenpromenade, auf der viele Touristen unterwegs sind, es macht aber alles noch einen sehr geschlossenen Eindruck. Etwas weiter weg ragt ein Kreuzfahrtschiff über die Häuser und Hallen.

Zur Kurischen Nehrung setzt eine Fähre über, sie liegt abfahrbereit am Anlieger und fährt sofort los, nachdem wir aufgefahren sind. 12,50 Euro kosten fünf Minuten Überfahrt. Wenig später beginnt der Nationalpark, wir zahlen 5 Euro Eintritt. Bis nach Nida (früher Nidden) sind es noch 45 km, man fährt durch lichten Wald auf der Boddenseite.

Auf der Fähre zur Kurischen Nehrung

Da wir noch Zeit haben, fahren wir am Sommerhaus von Thomas Mann vorbei. Er hat es 1930 bauen lassen und war nur zweimal da, dann musste er emigrieren. Das Haus liegt sehr schön, hoch auf der Düne, ein relativ großes Holzhaus mit Strohdach, braun gestrichen, die Fensterrahmen blau ("Nidden-Blau"), mit Blick auf den Bodden.

Es gibt ein Foto, da liegt Thomas Mann mit Familie im Sand vor dem Haus. Heute wachsen da große Kiefern, und der Boden ist mit Pflanzen bedeckt, am Ufer gibt es eine befestigte Promenade. Thomas Mann fühlte sich an Nordafrika erinnert, heute sieht es mehr wie Südfrankreich aus.

Einrichtung im Haus ist kaum vorhanden; im Arbeitszimmer stehen ein Drahtmodell seines Schreibtisches und der extra für das Haus vom Architekten entworfene Stuhl.

Es gibt viele Infotafeln zur Familie Mann, aber leider nichts über das Schicksal des Hauses nach 1933.

Unser Quartier liegt gleich in der Nähe, eine Feriensiedlung, die noch nicht ganz fertig ist. Vor allem der Straßenbelag fehlt noch, die letzten Meter geht es nur im Schritttempo.

Abends fahren wir zur großen Düne. Hier hat man in Richtung russische Grenze einen spektakulären Blick auf Ostsee und Bodden gleichzeitig, in der Mitte die Nehrung mit Sand und Wald. An guten Tagen kann man auf der anderen Seite des Bodden Ostpreußen sehen, schrieb Thomas Mann - heute muss ein guter Tag sein, wir sehen die Küstenlinie.

Hier oben steht auch eine Statue von Jean-Paul Sartre, der sich mit wehendem Mantel gegen den Wind stemmt, geformt nach einem Foto

aus 1965. Was Sartre hier gemacht hat, wird nicht erklärt. Aber es war offenbar sehr windig.

Für den Sonnenuntergang wechseln wir zu einem Parkplatz direkt am Ostseestrand. Die Abstimmung wird ein wenig durch ein Kuppelzelt mit einer Stranddisko mit lauter Technomusik beeinträchtigt. Der Sonnenuntergang selbst ist aber sehr schön.

4. Juni 2019

Von Nida nach Kaliningrad

Diesmal kommen wir an die Grenze, und es ist tatsächlich niemand vor uns. Das könnte also schneller gehen als bei der ersten Einreise. Die Anfertigung ist wie gehabt, Pass, Zollerklärung, in alle Türen und unter alle Haube gucken. Und wieder der Juniorzöllner mit Teleskopspiegel, der sich diesmal besonders die Schweller von unten anguckt. Eine prophylaktische Rostkontrolle um zu verhindern, dass Fahrzeuge bei den Schlaglöchern auseinanderbrechen?

Nach kaum einer Stunde sind wir durch. Wirklich schnell war das nun zwar nicht, aber immerhin war es wieder problemlos. Hinter dem Grenzposten folgt gleich ein weiterer Schlagbaum: Auch auf russischer Seite kostet der Nationalpark Eintritt; 450 Rubel sind fällig.

Etwas weiter ist ein Parkplatz, Café und Imbiss sind geschlossen, aber ein Holzweg führt durch die Dünen zum Strand.

Vor der Grenzstation Richtung Kaliningrad

Auf der Kurischen Nehrung

Peba
2019/0
08:3

Ein unglaublicher An-
blick: Breiter, feiner, gel-
ber Sandstrand in beiden
Richtungen soweit das
Auge reicht, keine Men-
schen, keine Häuser,
keine Liegestühle oder

Sonnenschirme, keine Handtücher, Strandkörbe, Abfalleimer, kein Müll, kein Lärm. Dazu strahlend blauer Himmel über grünblauem Wasser.

In einem alternativen Universum könnte dies deutsches Feriengebiet sein.

Später kommt doch noch eine Familie und lagert am Strand. Der Mann sucht mit einem offenbar ganz neuen Metallsuchgerät (er hat die Bedienungsanleitung in der Hand) den Stand ab. Das Gerät piepst, er gräbt, findet etwas.

Da die größte Münze 10 Rubel = 15 Cent wert ist wird es dauern, bis sich das Suchgerät amortisiert. Es sei denn, er findet Goldbarren oder Diamantringe.

Wir biegen von der Durchgangsstraße auf gut Glück ab in einen Ort. Die Straße endet, bevor wir am Wasser sind, hier scheint eine Art Werft zu sein – das Gelände ist mit einer hohen Mauer umgeben. Das vermeintliche Café, an dem wir im Ort vorbeigefahren sind, ist in Wirklichkeit ein Laden für Räucherfisch, wir kaufen ein. Auch hier im Ort kommen 2 CVs offenbar selten, oder nie, vorbei; wir erregen viel Aufmerksamkeit, der Wagen wird fotografiert und ausgiebig bestaunt.

Pause machen wir dann wieder an einer Tankstelle. Wir sitzen draußen auf einer Bank. Eine Frau mit Eimer und Wischmopp wischt den Boden vor den Tanksäulen, da, wo die tankenden Autos stehen. Das Wasser trocknet, der Boden kein bisschen anders aus als vorher – Sisyphos reloaded?

Während wir dort sitzen fährt niemand vor, um zu tanken.

Etwas weiter ist ein kleiner Ort, man kann direkt am Strand parken. Wir sitzen mit Blick auf das Meer, essen Pelmeni (große, gefüllte Tortellini, mit Schmand serviert), und russischen Hering. Vor uns herrscht reger Badebetrieb, das Ambiente erinnert etwas an frühere Zeiten, wie auf Bildern aus den 50er Jahren.

Am Ende der Kurischen Nehrung ist ein Badeort, enge Straßen mit schlechtem Pflaster, voller geparkter Autos, viele Menschen, wuselig. Wir durchqueren den Ort mehrfach, finden keinen Parkplatz, fahren schließlich weiter.

Richtung Kaliningrad gibt es nun eine sehr gute und dazu noch kostenlose Autobahn, dann biegen wir ab Richtung Innenstadt, stehen im Stau. Wir fahren ewig an Bahngleisen mit unordentlichen Kleinbetrieben entlang, von der Stadt ist nicht viel zu sehen, keine Hochhäuser, keine Silhouette.

Nochmal abbiegen, und wir sind in einem der im Krieg wenig zerstörten, ehemaligen Vororte von Königsberg: Straßen mit

Noch 2 Kilometer bis Kaliningrad

„Daumen hoch" für den 2 CV

Schöner wohnen in Kaliningrad: Altes Villenviertel am Oberteich

Kopfsteinpflaster, Villen im Gründerzeitstil mit gepflegten Gartengrund-stücken, ruhige Atmosphäre: Ein Nobelvorort von Kaliningrad. Unser Hotel liegt direkt am Oberteich, in einer ehemaligen Villa mit Garten und Parkplatz hinterm Haus. Wir haben eine sog. Juniorsuite, sehr schön eingerichtet, und gar nicht teuer.

Es war sehr heiß den Tag über, wir machen uns erst abends noch einmal auf den Weg in die Stadt.

Kaliningrad mangelt es deutlich an Sehenswürdigkeiten für Touris-ten, im Grunde ist es eine neue Stadt auf geschichtsträchtigem Boden.

Wir fahren zur Dominsel mit dem wieder aufgebauten Dom.

Erste Überraschung: Wir sind in einer anderen Zeitzone, es ist erst 19:00 Uhr und nicht 20.00 Uhr, wie wir dachten. Es herrscht daher noch dichter Feierabendverkehr mit deutlicher Staubildung. Und immer wie-der: Beifall auf offener Straße für den 2 CV.

Beim Wiederaufbau der Stadt hat man die Straßen sehr großzügig eingeplant, sie sind unglaublich breit (an einer Ampel: 5 Spuren nur in unserer Richtung, daneben noch ein Damm mit Straßenbahnschienen). Außerdem gibt es viele große Grün- bzw. Brachflächen, und Bäume am Straßenrand.

Zweite Überraschung: Man kann überall problemlos parken. Die Be-sichtigung der Dominsel ist morgen dran, aber gegenüber wurde eine Häuserzeile im alten Stil wiederaufgebaut, Fischdorf heißt das Viertel, mit Restaurants und Cafés. Man sitzt mit Blick auf die Pregel, Boote kommen vorbei, im Hintergrund die Dominsel, gegenüber neue, durch-aus ansprechende Wohnblocks.

Ein wirklich schöner Bereich, die Stadt ist sonst geprägt von Plattenbauten in unterschiedlichen Graden der Hässlichkeit und des Verfalls, breiten Straßen und ungepflegten Grünflächen.

Ausländische Touristen sind hier wohl eher selten, die Speisekarte ist nur auf Russisch verfügbar, meine Sprachkenntnisse sind nach Salat und Suppe leider zu Ende. Von den 5% des Angebots, das ich entziffern kann, ist die Hälfte nicht da.

Das von Brigitte bestellte vermeintliche Bier stellt sich als heißer Fruchtpunsch mit Zimt heraus; jetzt wissen wir auch, warum die Kellnerin zweimal nachgefragt hat.

Abends im Hotel buchen wir für Samstag eine Fähre von Kleipeda nach Kiel.

Das Brandenburger Tor von Kaliningrad

Rekonstruierte Häuserzeile im alten Stil in Fischdorf

5. Juni 2019

Kaliningrad

Wir fahren wieder zur Dominsel. Um 9:00 Uhr morgens sind die Straßen noch relativ leer, die Sonne brennt, heute sollen es 30 Grad werden.

Die Dominsel - eigentlich Kneiphof - war Keimzelle und ehemals Zentrum der Stadt. Außer dem Dom gibt es keine Gebäude mehr auf der Insel, nur einen Park mit großen Bäumen. Ein fotoarchäologisches Projekt hat große Bildtafeln aufgestellt; es ist unglaublich, dass hier einmal Wohnhäuser, Geschäfte, Straßen, Menschen waren. Nicht die kleinste Spur ist übriggeblieben.

Der Dom ist jetzt eine Konzerthalle. Außen ist das Grab von Immanuel Kant erhalten, wir legen eine Kategorischer-Imperativ-Gedenkminute ein. Das von Reiseführern erwähnte Kant-Museum finden wir nicht; vermutlich existiert es nicht.

Damit ist unser Besichtigungsprogramm auch schon zu Ende: Zeit für einen Café Latte in Fischdorf gleich gegenüber.

Auf dem Rückweg fahren wir noch am Brandenburger Tor vorbei. Das ist ein flacher Ziegelbau mit zwei Durchfahrten, und ohne jede Ähnlichkeit mit dem Berliner Gegenstück.

Durch einmal falsch abbiegen landen wir auch noch bei einem original russischen Shopping-Center, oder wie man das nennen soll: Ein großer, unordentlicher Platz mit allerlei Läden drum herum. Was es dort jeweils gibt erschließt sich uns erst beim hineingucken: Wir finden Lä-

den für Tiernahrung, Kaffee, eine Drogerie und ein Möbelgeschäft. Dann fahren wir zum Hotel zurück, denn es ist brütend heiß.

Abends gehen wir noch einmal zum Oberteich, der direkt vor unserem Hotel ist. Es sieht

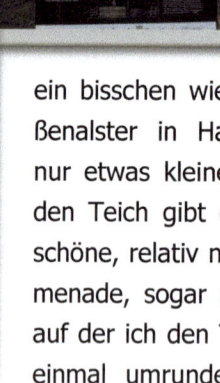

ein bisschen wie an der Außenalster in Hamburg aus, nur etwas kleiner. Rund um den Teich gibt es eine sehr schöne, relativ neue Uferpromenade, sogar mit Radweg, auf der ich den Teich zu Fuß einmal umrunde. Außer an sehr schönen Häusern komme ich auch am Wrangel- und am Dohna-Turm vorbei, zwei niedrige, alte Wehrtürme, jeweils am Ende der Befestigungsmauer.

Der Oberteich zu umrunden dauert 45 Minuten (wenn man Seitenarme per Brücken auslässt). Es ist unglaublich viel los, auffällig finde ich vor allem die vielen jungen Menschen und vor allem die vielen Familien mit Kindern. Kinderwagen und Tretroller statt Senioren mit e-Bikes sind für jemanden, der aus einer alternden Gesellschaft kommt, ein ungewohntes Bild.

Und was auch auffällt: Wenn man mal eine Städtereise machen will in eine Stadt, die noch nicht von Touristen überquillt, dann ist Kaliningrad eine gute Wahl. Hier sind Touristen noch Mangelware.

Allerdings finden wir auch nicht viele Gründe, warum man ausgerechnet Kaliningrad besuchen sollte.

Idylle am Oberteich

Dachholme werden überbewertet: Eiswagen am Oberteich

6. Juni 2019

Von Kaliningrad nach Lesnoy

Mit Kaliningrad haben wir unser Reiseprogramm eigentlich beendet, bis Klaipeda zur Fähre am Samstag ist es nicht weit, wir haben jetzt sozusagen drei Tage frei.

Wir nehmen den gleichen Weg zurück wie auf der Hinfahrt. Auf dem Radweg neben der Schnellstraße sehen wir ein Tandem, das radelnde Paar in Funktionskleidung, die Gepäckträger vorne und hinten beladen. Wir winken uns zu, wir vermuten, dass es Deutsche sind. Wer sonst würde so etwas tun?

Wir sind noch einmal in dem Badeort, den wir schon auf der Hinfahrt besucht hatten, und da wird früh dran sind, ist es diesmal angenehm leer.

Heute können wir problemlos parken, gehen an die Promenade. Am Strand ist schon schwer was los, Sonnenbadende und in der Ostsee Badende in großer Zahl. Auf der Promenade stehen mechanische

Trimm-Dich-Geräte, die gerne genutzt werden, und ein Golfwagen kommt uns entgegen.

In Selenogradsk

Es gibt auch einen Badewächter, und es kommen russische Durchsagen per Lautsprecher. Wir rätseln noch, was da wohl gesagt wird, da kommt die Ansage auch auf Englisch: Die Fußgänger, insbesondere die mit kleinen Kindern, mögen auf die Fahrradfahrer aufpassen, und im Übrigen gäbe es im Ort 60 Überwachungskameras, die für die Sicherheit sorgen: Man könne als Gast also ganz unbesorgt sein.

Vorgetragen von einer hellen Frauenstimme im besten, freundlichen US-Amerikanisch.

Inzwischen ist es wieder sehr heiß geworden, wir fahren auf die Nehrung und machen ein Picknick in einem schattigen Wald - hier gibt es sogar Picknick-Tische. Boris Worobjov spricht uns auf Deutsch an: Er betreut Reisegruppen aus Deutschland, holt sie in Litauen an der Fähre mit seinem VW Caddy ab, war auch schon in Deutschland, gibt uns

seine Karte (daher wissen wir, dass es Boris Worobjov war). Heute ist er hier, weil seine kleine Tochter, die gerade in den Wagen steigt, Geburtstag hat, genau wie Thomas Mann und Puschkin.

Das war uns nicht bekannt, Bildungslücke bei uns, 2:0 für Russland.

Wir wohnen diesmal in einer echten Blockhütte mit Terrasse, aus dicken Stämmen zusammengesetzt, wie damals bei den Goldgräbern am Klondike, aber mit Duschkabine. Allerdings muss man erst den Boiler einschalten, um warm duschen zu können, was trickreich ist, denn die Sicherung im Sicherungskasten ist ausgeschaltet. Und der Wasserdruck ist wirklich minimal, es tröpfelt nur.

Die Hütte selbst ist ziemlich eng, und die Türschwellen sind massive Baumstämme und dadurch ungewohnt hoch.

Auf den Fotos sah es aus, als hätte man von der Terrasse aus direkten Blick auf den Strand und den Bodden, das war aber nur Ergebnis einer geschickten Bilderfolge ist: Es gibt die Hütte, es gibt einen Steg am Ufer und es gibt einen klitzekleinen Strand, den man nicht betreten kann, weil er zum Nachbargrundstück gehört. Hütte und Steg liegen aber keineswegs nebeneinander, vielmehr liegen beide an gegenüberliegenden Enden des Grundstückes. Und das Grundstück selbst ist ziemlich vollgestellt mit Hütten und Grillplätzen.

Das hatten wir uns anders vorgestellt, macht aber nichts: Wir verbringen den Nachmittag auf dem Steg, lauschen dem Plätschern der Wellen. Gegen Abend kommt ein kräftiger Wind auf, am Horizont türmen sich dunkle Wolken, und es kühlt angenehm ab. Regen gibt es aber nicht.

Wir machen noch einen Spaziergang in den Ort, hier gibt es bereits mehrere Zeilen mit Ferienreihenhäusern, einige sind noch zu haben, es steht aber kein Preis dabei.

Statt auf der Terrasse sind wir abends in der Hütte, denn es ist eine Mückengegend.

Blick auf den Bodden

7. Juni 2019

Von Lesnoy nach Klaipeda

Frühstück gibt es erst ab 9:00 Uhr. Wir sitzen vorher wieder auf dem Steg am Bodden, diesmal in der aufgehenden Sonne. Es ist schon ziemlich warm.

Das Frühstück ist, wie die Unterkunft, eher mäßig.

Was mir schon früher aufgefallen ist: Eintretende Gäste grüßen nicht, sondern ignorieren die Anwesenden, so wie die Anwesenden die Eintretenden nicht beachten. Wir finden: Merkwürdiges Sozialverhalten. Auf der Fähre nennt das später jemand: Grußfaul. Ist aber offenbar nicht böse gemeint.

Wir fahren weiter Richtung Litauen, kommen zur Grenzstation. Es ist nur ein Wagen vor uns, der bereits fast abgefertigt ist.

Wieder kommen wir in den Genuss eines Grenzübertritts, bei dem man sich noch als beachteter Gast fühlen darf, als Fremder, der Beachtung findet, für den man sich interessiert, den man nach dem Woher und Wohin fragt, für den man sich Zeit nimmt.

Und auch auf litauischer Seite werden wir nicht ignoriert, diesmal wird auch der Wagen inspiziert. Kein anonymes, desinteressiertes, gelangweiltes Durchwinken, nach dem Motto: "Machen Sie bloß, dass Sie weiterkommen!".

Wobei nie jemand in unser Gepäck guckt, da könnten wir kofferweise Dinge schmuggeln, wenn wir wüssten, was um alles in der Welt man hier schmuggeln könnte.

Dies ist nur der Vorposten zur Grenzstation

Fähre zurück nach Klaipeda

In Nida gehen wir an den Strand, wollen baden, das Wasser sieht zu verlockend aus. Es fühlt sich allerdings deutlich kälter an, als es aussieht, optisch Karibik, haptisch Eismeer. Wir brechen den Versuch ab.

Die Fähre von der Nehrung aufs Festland kostet nichts, bzw. ist schon mit der Hinfahrt bezahlt; wer über Russland einreist hat jetzt eine Freifahrt.

Wir wohnen im ibis Styles Hotel direkt an der Fähre, im 7. Stock, tolle Aussicht, links sieht man das Wasser und die Fährschiffe. Direkt vorm Hotel ist allerdings die Kläranlage, von weit oben aber auch ein interessanter Anblick.

Zum Abendessen fahren wir zu einem original litauischen Restaurant, das „Viskas Lietuvikai" (bedeutet nach Google: "Alles ist litauisch"). Ein kleines, schlichtes Lokal, keine anderen Gäste, ich bestelle ein Schnitzel, Brigitte einen gefüllten Kartoffelkloß, Pommes und Salat, dazu trinken wir Kvass - in der Karte als "Getränk aus Brot" bezeichnet. Das kennen wir schon aus Russland, es ist herb-süßlich, erinnert an Malzbier und ist eigentlich nur stark verdünnt zu genießen, weshalb wir es mit Mineralwasser mischen.

Das Essen wird sehr zügig serviert. Während wir unsere Gerichte verzehren, kommen andere Gäste, bestellen, essen, bezahlen und gehen wieder, während wir immer noch vor unseren Tellern sitzen. Die Litauer verschwenden beim Essen offenbar nicht gerne Zeit. Und nach dem Essen noch gemütlich sitzen scheint zumindest in diesem Lokal auch nicht üblich zu sein.

Und die Rechnung: 16,90 Euro, alles in allem.

Abends sitzen wir noch auf der Hotelterrasse; um uns sind nur deutsche Stimmen zu hören: In diesem Hotel steigen gerne Reisegruppen ab.

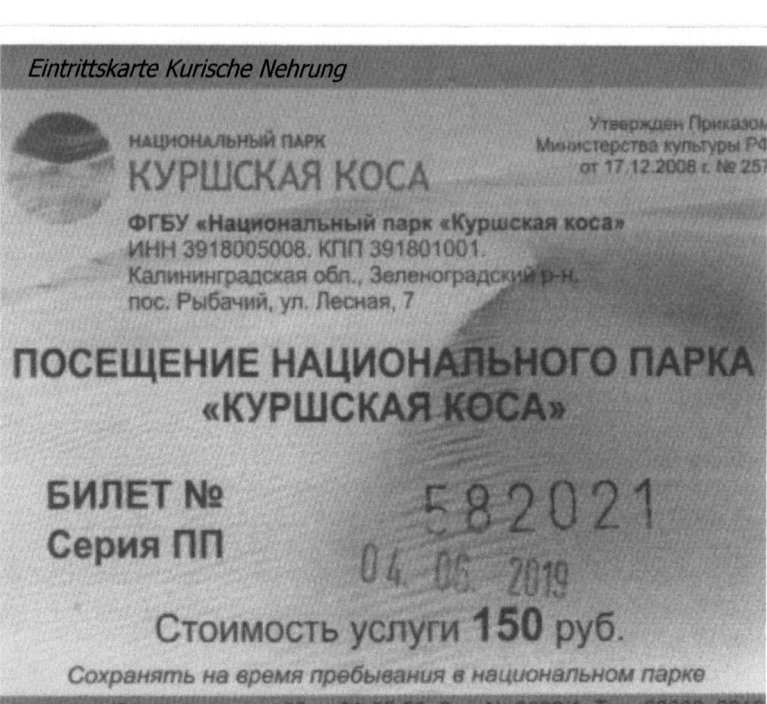

Eintrittskarte Kurische Nehrung

НАЦИОНАЛЬНЫЙ ПАРК

КУРШСКАЯ КОСА

Утвержден Приказом
Министерства культуры РФ
от 17.12.2008 г. № 257

ФГБУ «Национальный парк «Куршская коса»
ИНН 3918005008. КПП 391801001.
Калининградская обл., Зеленоградский р-н.
пос. Рыбачий, ул. Лесная, 7

ПОСЕЩЕНИЕ НАЦИОНАЛЬНОГО ПАРКА
«КУРШСКАЯ КОСА»

БИЛЕТ №
Серия ПП

582021

04. 06. 2019

Стоимость услуги **150** руб.

Сохранять на время пребывания в национальном парке

нград, ул. Комсомольская, 83, т. 91-55-58. Зак. № 2628/1. Тир. 60000, 2018

Impression Kurische Nehrung

8. Juni 2019

Klaipeda

Wir fahren nach dem Frühstück in die Altstadt von Klaipeda. Das dürfte früher, als es noch Memel hieß, ein ziemlich verschlafenes Kaff am Ende von Ostpreußen gewesen sein, ganz kurz vor dem Ende der Zivilisation. Es gibt in der Altstadt wieder das originale, knöchelgefährdende Kopfsteinpflaster, dazu viele Restaurants und Cafés, Läden für Leinen und Bernstein, und über allem liegt eine morgendliche Ruhe, denn man macht erst um 11:00 Uhr auf.

In Klaipeda sehen wir das „Denkmal des unbekannten Motorradfahrers" (unsere Interpretation), bei dem wir für eine Fotopause anhalten.

Mittags fahren wir raus zum Strand. Kaum angekommen, vermisst Brigitte ihr Handy, also schnell zurück zum Hotel, dort liegt es noch. Mittagspause machen wir in einem Park, danach sitzen wir im Hotel, ich auf der Terrasse, lesend, Brigitte drinnen, da hat sie einen Tisch und kann besser zeichnen.

Denkmal für den Unbekannten Motorradfahrer?

Vor der Fahrt zur Fähre besuchen wir noch McDonalds, das gehört auf einer Reise einfach dazu. Es ist recht voll, das Angebot ist mit dem deutschen weitgehend identisch - so soll es ja auch sein. Brigitte findet, dass da viele Kunden in dicken, teure Autos kommen.

Während wir in der Warteschlange für die Einschiffung stehen, spricht mich jemand aus Pinneberg an, früher auch Entenfahrer (und welcher heutige Rentner war das nicht?), wir tauschen uns über das Reisen im Baltikum aus. Er ist per

Bus von Narva aus nach St. Petersburg gefahren, das geht offenbar auch ganz gut.

Der Himmel bezieht sich, es weht plötzlich ein kühler Wind, und es beginnt zu regnen.

Auf der Fähre müssen wir auf das unterste Unterdeck fahren, und da in die allerhinterste Ecke: Wer zu früh kommt, den bestraft hier das Leben, bzw. in diesem Fall: Der Lademeister. Und dann gleich die nächste unangenehme Überraschung: Es gibt keinen Fahrstuhl; um von Unterdeck 1 zu Deck 6 mit den Kabinen zu kommen darf man mit seinem Gepäck Treppen steigen.

Die Kabine ist klein, aber zweckmäßig, und vor allem sind die Betten neben- und nicht übereinander. Dafür ist das Fenster ziemlich klein. Und man kann noch zwei weitere Betten ausklappen, so dass es eine Vier-Bett-Kabine wird - obgleich wir es schon mit zwei Personen als eher eng empfinden.

Überhaupt mutet das Schiff mehr als Fracht- denn als Passagierschiff an; draußen gibt es nur harte Bänke ohne Tisch, keine gemütlichen Sitzbereiche für Möchtegern-Kreuzfahrtpassagiere.

Beim Warten auf das Auslaufen kommen wir mit einem Paar aus Kiel ins Gespräch, beide haben eine Radtour über den baltischen Teil der kurischen Nehrung gemacht, da gibt es offenbar einen tollen Radweg, den man von der Straße aus nicht sieht, die beiden waren sehr angetan davon.

Danach spricht uns ein jüngerer Mann an; er stammt aus Klaipeda, lebt aber schon seit 16 Jahren in Köln und arbeitet als Kraftfahrer in Holland - wo er erheblich besser verdient als in Deutschland, ganz zu schweigen von Litauen. Er hat Urlaub gemacht und seine Großmutter in Klaipeda besucht. Im Ausland zu arbeiten sei völlig normal für Litauer, in Litauen verdient man wenig, und nennenswerte Industrie gibt es nicht mehr.

Die Fähre zurück nach Kiel

Pünktlich um 22:00 Uhr legen wir ab. Wir stehen an Deck, bis wir das Ende der kurischen Nehrung umrunden und das Schiff in die Ostsee abdreht.

9. Juni 2019

Fähre von Klaipeda nach Kiel, dann zurück nach Göttingen

Auf 5. Deck sind Aufenthaltsräume, Cafeteria, Shop und Rezeption; auf dem 6. Deck sind die Kabinen. Auf beiden Decks gibt es hinten einen Bereich, wo man im Freien sein kann, und wo auch einige recht unbequeme Bänke stehen.

Nach dem Frühstück sitzen wir dort in der Sonne und kommen mit zwei Radfahrern ins Gespräch, die von Greifswald aus mit dem Fahrrad nach Klaipeda gefahren und jetzt auf der Rückreise sind. Beide sind sehr begeistert von der Tour, von der Hilfsbereitschaft der Russen und der Landschaft. Brigitte wiederum ist vom Krafteinsatz der Radler beeindruckt.

Gegen 16:00 Uhr hat die Fähre die Kieler Förde erreicht und schleicht langsam zum Liegeplatz. Vor uns sehen wir das Kreuzfahrtschiff liegen, das am Montag in den Nachrichten sein wird, weil es von Umweltaktivisten am Auslaufen gehindert wurde.

Wir kommen tatsächlich als vorletzter PKW von Bord und machen uns direkt auf den Heimweg. In Kiel ist viel Verkehr, später geht's. In Ahrensburg bei Hamburg übernachten wir.

Am nächsten Morgen starten wir früh und ohne Frühstück. Wir fahren wieder auf der Landstraße. Auf der Autobahn ist zwar auch noch nicht viel los, wie wir sehen, als wir sie überqueren - aber gemütlicher ist es ohne Autobahn. Es nieselt ganz leicht, das Verdeck bleibt zu.

Frühstückspause machen wir in Lüneburg. Als wir weiterfahren ist das Wetter besser, wir rollen das Dach auf.

Weiter geht es Richtung Celle, hier führt die Bundesstraße schnurgerade durch Waldgebiete. Danach schlägt das Navi eine Zickzackroute vor, der wir folgen, obgleich wir den Eindruck haben, das wäre auch mit weniger Zick und Zack gegangen. Nächste Pause ist in Peine, im Eiscafé am Markt. Peine hat tatsächlich eine Art Altstadtkern mit großer Kirche und Marktplatz.

Weiter auf immer vertrauter werdender Strecke; gegen 16:30 sind wir wieder zu Hause in Göttingen. Hier ist alles noch so, wie wir es verlassen haben - nur die Pflanzen haben mächtig zugelegt. Und damit ist die Reise im 2 CV nach St. Petersburg zu Ende.

Na, wie war's?

Wir waren 30 Tage unterwegs, haben 3.694 Kilometer im 2 CV zurückgelegt und sind dreimal mit der Fähre gefahren. Wir sind, zieht man die Stadttage in St. Petersburg und Kaliningrad ab, einen Tagesschnitt von ca. 150 km gefahren. Was wir sehr angenehm fanden.

Der 2 CV hat sich als gutes Reisefahrzeug erwiesen, mit riesigem Sympathie- und Niedlichkeits-, und ohne jeden Neidfaktor. Auch auf langen Etappen hatten wir keine Probleme mit den Sitzen, und dank des sehr guten Wetters konnten wir fast immer mit aufgerolltem Dach fahren. Und bis auf den nicht anlassenden Anlasser gab es keine Pannen oder Probleme.

Und das Anlasserproblem erkläre ich mir übrigens so: Ich hatte vor einiger Zeit die Batterieklemmen erneuert, da sich die alten Klemmen nicht mehr festziehen ließen. Die alten Kabel waren gelötet, die neuen Klemmen sind es mit Schrauben fixiert. Ich vermute, dass sich hier ein Übergangswiderstand gebildet hat, denn nachdem ich die Schrauben nachgezogen und das Kabel zusätzlich verlötet habe, ist das Problem nicht mehr aufgetreten.

Starten per Kurbel werde ich aber trotzdem mal üben.

Russland hat sich als angenehmes Reiseland erwiesen, der Grenzübertritt ist langwierig, aber korrekt und problemlos, die Menschen freundlich und hilfsbereit, der Verkehr bei weitem nicht so dramatisch, wie wir es nach den DashCam-YouTube-Videos erwartet haben - nur der Straßenbelag könnte an manchen Stellen besser sein. Alle Befürchtungen und Ängste haben sich aber als grundlos erwiesen. Und das Baltikum ist ja sowieso schönes Reiseziel.

Und die Sache mit Autofahrt nach Wladiwostok müssen wir uns noch einmal sehr gut überlegen.

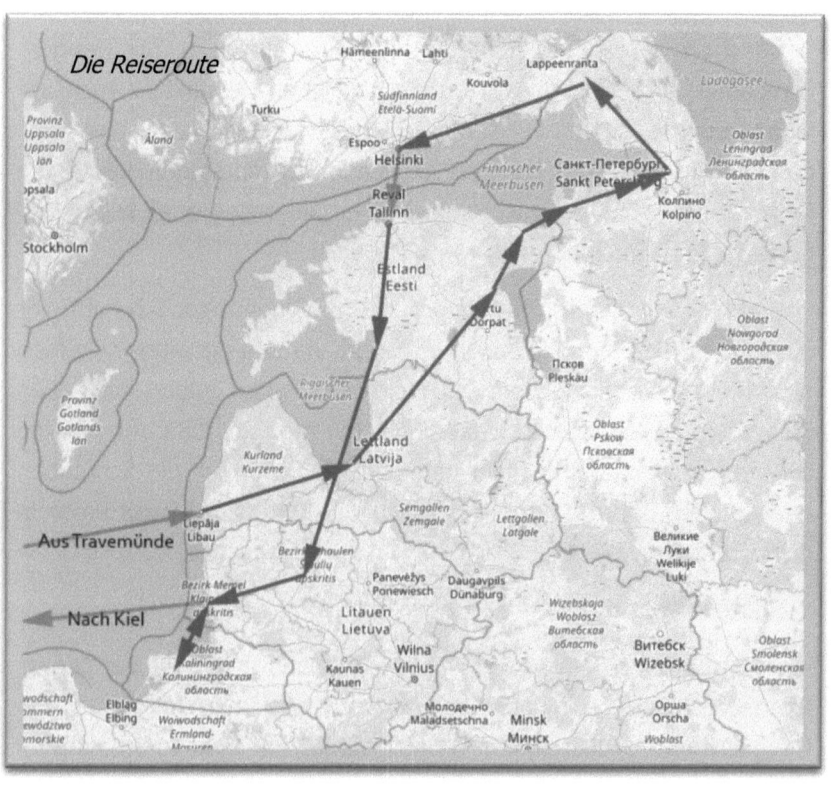

Die Reise in tabellarischer Übersicht

	Tachostand	Etappe	Total	Benzin
12.5 Göttingen	108.768			Tank voll
- Hamburg	109.145	377	377	18,0 Liter
15.5 - Travemünde	109.269	124	501	8,7 Liter
Fähre				
16.5 Liepaja	109.269		501	
17.5 - Broceni	109.405	136	637	14,8 Liter
18.5 - Riga	109.553	148	785	
19.5 - Cesis	109.656	103	888	14,0 Liter
20.5 - Mustvee	109.895	239	1.127	14,4 Liter
21.5 - Narva	110.050	155	1.282	10,0 Liter
22.5 - Luzhitsy	110.162	112	1.394	
23.5 - Peterhof	110.326	164	1.558	17,6 Liter
24.5 - St. Petersburg	110.372	46	1.604	
bis				
28.5 St. Petersburg	110.480	108	1.712	11,5 Liter
29.5 - Vyborg	110.673	193	1.905	18,5 Liter
30.5 - Siltakyla	110.832	159	2.064	
31.5 - Helsinki	110.987	155	2.219	6,3 Liter
1.6 - Nommealuse	111.061	74	2.293	18,1 Liter
2.6 - Saulkrasti	111.290	229	2.522	19,0 Liter
3.6 - Siauliai	111.540	250	2.772	16,0 Liter
4.6 - Nida	111.734	194	2.966	18,3 Liter
5.6. -				
6.6 Kaliningrad	111.851	117	3.083	
7.6 - Lesnoy	111.911	60	3.143	
9.6 - Klaipeda	112.020	109	3.252	12,0 Liter
Fähre				
10.6 Kiel	112.020		3.252	13,8 Liter
- Göttingen	112.462	442	3.694	10,0 Liter
				241,0 Liter
	Verbrauch pro 100 km:			6,5 Liter

Wolfgang Roehl

Geboren 1952 in Hamburg, lebt jetzt in Göttingen. Hat Soziologie studiert. Ist schon immer gerne gereist und hat jetzt als Rentner viel mehr Zeit dafür. Bekennender Schönwetter-Entenfahrer seit 2002. Weiteste 2 CV-Fahrt bisher: Von Göttingen nach Kassel.

Brigitte Krompholz-Roehl

Geboren 1955 in Detmold, lebt jetzt in Göttingen. Bibliothekarin und Diplompädagogin. Macht fast alles mit, wenn es zwischendurch ein vernünftiges Klo und einen guten Café Latte gibt.

E-Mail: wr53@gmx.de

Filme der Dashcam können auf YouTube angesehen werden, Kanal: „Traveling with my DashCam"

Warnung: Die Filme laufen in Echtzeit und können daher extrem langweilig wirken, da nichts Ungewöhnliches passiert. Keine Unfälle, keine unerwarteten Abenteuer, keine Gewalt, keine Verstöße gegen Verkehrsregeln – nur eine normale Fahrt mit einem 2 CV. Und es gibt keinen Ton – keine Musik, keine Geräusche, keine Kommentare – rein gar nichts.